わかりやすい

野球のルール

粟村哲志 監修

JN046829

成美堂出版

野球の起源は1845年に求められます。この年、アメリカのアレキサンダー・カートライトという実業家が、それまで「ラウンダーズ」とか「タウンボール」とか呼ばれていた遊びをもとにした「ベースボール」というスポーツを考案し、プレーに関することはわずか14条からなるルールを作りました。

ベースボールはすぐに人気を博し、30年も経たないうちに最初のプロリーグができました。1872年には日本にも紹介されて学生を中心に人気が高まり、野球という訳語で広まって国民的な人気スポーツになりました。

そうした中でルールが次第に整備され、だんだん複雑になり、なにかイレギュラーなことがあるたびに新しい条項が追加されて現在に至っています。現在の規則は9章208条からなっていますが、下部項目や注などを含めると500項目以上の内容が詰め込まれています。

アメリカの野球規則委員会が発行している『Official Baseball Rules』が、世界中で行われている野球競技の統一されたルールです。草創期には日本でも複数の翻訳が試みられ、各団体で使用されていましたが、1955年にプロアマ合同の規則委員会が発足し、1956年から『公認野球規則』という名前で発行されています。公認野球規則には日本独自の注なども加えられ、アメリカでの規則改正に1年遅れで追随することを原則としながら、現在まで毎年改訂され続けています。

本書は、複雑で難しいと言われる野球のルールを、できるだけ平易なことばと、親しみやすい写真、イラスト、図版などで補いながら、わかりやすく解説することを主眼に置いて執筆・編集しています。ポケットサイズの本書が、一般の野球ファンの皆さんから、プレーヤー、指導者、審判員といった野球関係者にも幅広くお役立ていただけることがあれば、これ以上の喜びはありません。

粟村哲志

【監修】

粟村哲志（あわむら・さとし）

昭和50年8月4日広島県生まれ。
早稲田大学卒業。在学中に故・西大立目永氏に師事して審判を始める。中学硬式野球団体に所属して審判経験を積みながら、高校野球や大学野球のオープン戦などにも積極的に参加して活動の幅を広げる。その後、社会人野球審判員を経て2007年から2023年まで国内独立リーグ審判員としても活動。北信越BCリーグ、四国・九州アイランドリーグ、ルートインBCリーグ、日本女子プロ野球リーグ、ベイサイドリーグなどで審判を務めた。現在でも各地で年間200試合前後をこなしながら、同時に後進の育成にも力を入れている。

【取材協力】

審判員／
田村光弘、籾山創、
粟村哲志、駒塚壮登

プレーヤー／
JR東日本野球部

3

PART4 バッターのルール 97

PART5 ランナーのルール 127

PART6 反則行為のルール 149

PART7 ピッチャーのルール 187

PART8 審判員のルール　217

COLUMN

制作・編集 ● 多聞堂
写真 ● 斉藤 豊
● iStock
イラスト ● 楢崎義信
デザイン ● 田中宏幸（田中図案室）
取材協力 ● 株式会社エスエスケイ
JR東日本野球部
明治神宮野球場
ベルガードファクトリージャパン株式会社
企画・編集 ● 成美堂出版編集部

2024年度野球規則改正の主なポイント

①フィールド寸法に関する規定の改正 ―規則2.01および2.05改正― 16〜18ページ参照

規則2.01では本塁からバックストップまで、および塁線からファウルグラウンドにあるフェンス等の施設までの距離は60フィート(18.288m)以上を「必要とする」とされていたが、「推奨する」という表現に改められた。これは2023年に開場したエスコンフィールドHOKKAIDO(北広島市)の本塁からバックストップまでの距離が15mしかないことが問題視されて注目された条文で、翻訳の方をOfficial Baseball Rules(以下OBR)原文のrecommended(推奨)に合わせることになったものである。

また、規則2.05では塁線からベンチまでの距離が最短25フィート(7.62m)とされていたが、実情に合わないので公認野球規則では削除することになった。同様に、プロ野球を行う球場の本塁から外野フェンスまでの距離についても、【付記】を設けて1958年6月以降は両翼325フィート(99.058m)以上、中堅400フィート(121.918m)以上とするなどとしていたが、これはMLBの規定であり、内容が本文と重複していることもあって、日本では削除することになった。

さらに、内野と外野の境目となるグラスライン(芝生の切れ目)の、投手板からの距離についても2023年からMLB全球場で統一する規則になったが、公認野球規則ではこの内容を記載するだけで、実際には適用しないとした。

②1、2、3塁のキャンバスバッグの大きさの変更 ―規則2.03改正― 18〜19、22〜23ページ参照

OBRでは2023年から、1・2・3塁のキャンバスバッグのサイズを従来の15インチ(38.1センチ)平方から18インチ(45.7センチ)平方に変更しているので、2024年の公認野球規則にも記載されたが、日本すべての野球施設での一斉変更は困難と判断され、また世界野球ソフトボール連盟(WBSC)主催の国際大会でも変更されていないことから、日本では15インチ平方のままとすることになった。

③金属バットの規定について ―規則3.02(a)改正― 34〜35ページ参照

これまでは【注3】および【軟式注】でアマチュア野球における金属バットの仕様を定めていたが、高校野球において2024年から金属バットの新基準が適用されることから、公認野球規則からは金属バットの規定を削除することとなった。

④内野手の守備位置の制限について ―規則5.02(c)改正― 52〜53ページ参照

OBRでは2023年から、投手が打者に投球するとき、内野手は内野の境目より前に両足を完全に置き、4名の内野手のうち2人ずつが二塁ベースの両側に分かれて立ち、そのイニング中は入れ替わることができない、という規定が設けられたので今回の改正で公認野球規則にも記載されたが、日本では特に目立って極端な守備シフトを敷く例が見られないことから、実際には適用しないことになった。

⑤競技場に出ることができない人の定義 ―規則5.10(k)改正― 66〜69ページ参照

従来の5.10(k)では「プレーヤー、控えのプレーヤー、監督、コーチ、トレーナー、バットボーイだけ」が試合中にベンチに入れるとされていたが、2023年のOBR改正で「プレーヤー、監督、コーチ、トレーナーおよび試合中にベンチやブルペンに入ることを許されたクラブ関係者」は試合中に競技場に出てはならないとする表現に改められたため、公認野球規則も同様に修正された。ここでいうクラブ関係者とは通訳などを想定している。

⑥延長タイブレーク制の導入 ―規則7.01(b)改正― 74〜75ページ参照

OBRでは2023年から、それまでMLBで3シーズン試験的に導入されていた延長タイブレーク制(10回からは無死2塁、打者継続とする)を、恒久的なルールとして7.01(b)に組み込んだ。今回、公認野球規則にも同様の内容が記載されることになったが、日本ではすでに各団体が延長タイブレーク制を導入しているため、所属する団体の規定に従うという【注】が併記されている。

⑦実情に合わせた文言の変更 ―規則8.04および定義46改正―

MLBおよびNPBの機構が改革された関係で「リーグ会長」という役職がなくなったため定義から削除され、規則で必要な部分は「リーグ事務局」に改められた。また、規則違反や退場処分等に関する審判員の報告義務に設けられていた期限も削除された。

参考文献 ●「2024公認野球規則」(規則) ●「2024野球規則細則」(規則細則) ●「アマチュア野球内規(2024年)」(アマ内規) ●「2020セントラル野球連盟選手権試合アグリーメント」(セ・リーグアグリーメント) ●「2020年度パシフィック・リーグ・アグリーメント」(パ・リーグアグリーメント) ●「高校野球審判の手引き2024年度」(高校野球審判の手引き) ●「競技者必携2024」(競技者必携) ●「野球審判員マニュアル第4版」(野球審判員マニュアル) ●「OFFICIAL BASEBALL RULES 2023 Edition」(OBR) ●「Major League Baseball Umpire Manual 2020」(メジャーリーグマニュアル)
発行者名等は省略。「正式名称」(本文中での略称)の順に表記

INTRODUCTION

野球
の
キホン

野球のキホン
―試合の目的―

野球は囲いのある
競技場で行う！

監督が指揮する
９人のプレーヤーからなる
２つのチームの間で試合を行う

VS

PLAY
BALL！

１人ないし数人の審判員の
権限のもとに本規則に
従って行われる競技である
（公認野球規則1.01）

試合の進行

投手が投げて
打者が打つ

攻撃側は
走者となれば
１塁→２塁→３塁→本塁と
進んで得点するように務める

守備側は
打者が走者となることや
走塁が得点することを防ぐ

２つのチームが攻撃と守備を
交互に９回繰り返して
得点の多いチームが勝ち！

９人のプレーヤー（各ポジション）

投手
（ピッチャー）

捕手
（キャッチャー）

４人の内野手
一塁手（ファースト）
二塁手（セカンド）
三塁手（サード）
遊撃手（ショート）

３人の外野手
左翼手（レフト）
中堅手（センター）
右翼手（ライト）

９つのポジションに分かれて守備をする！

攻撃するときはあらかじめ決められた順番で打者（バッター）になる

1　2　3　4　5　6　7　8　9

３人アウトになるまで攻撃を続ける

これらは
野球のルールが
できたときから
ほとんど変わらない
キホンです！

野球のルールの歴史（主なもの）

1845	(弘化2)	アレキサンダー・カートライトが現在の野球のもととなる規則を作る。
1857	(安政4)	21点先取制から、9回終了時に得点の多い方が勝ちになる。
1864	(元治1)	ワンバウンド捕球のアウトが廃止される。
1877	(明治10)	選手交代が認められるようになる（4回以前に限る）。
1879	(明治12)	すべての投球に「ボール」「ストライク」が判定されるようになり、9ボールで一塁へ歩けるようになる。
1880	(明治13)	9ボールから8ボールに変更。
1882	(明治15)	8ボールから7ボールに変更。下手投げしか認められていなかった投手に、横手投げが解禁される。
1884	(明治17)	7ボールから6ボールに変更。投手の上手投げ解禁。
1887	(明治20)	打者は投手に打ちやすい球を要求できなくなる。ストライクゾーンが設定される。ストライク4個でアウト。6ボールから5ボールに変更。1塁と3塁のベースを置く位置は完全にラインの中に変更（現在の形）。
1888	(明治21)	ストライク3個でアウト。
1889	(明治22)	5ボールから4ボールに変更。
1891	(明治24)	試合中の交代が自由になる（再出場不可）。
1893	(明治26)	投手は投球ボックス内からの投球ではなく、投手板に触れて投げることとなる。
1900	(明治33)	本塁が四角形から五角形になる。投手は一塁への偽投禁止。
1951	(昭和26)	投手板の高さは地面から15インチ。
1976	(昭和51)	ハーフスイングのリクエストができるようになる。
1988	(昭和62)	投手板の高さは地面から10インチ。
2014	(平成22)	投手は三塁へも偽投禁止。
2016	(平成24)	本塁でのコリジョンルール採用。
2017	(平成25)	併殺の塁への正しいスライディング（ボナファイドスライド）が規定される。

野球用語解説 ❶

アピール
守備側チームが、攻撃側チームの規則に反した行為を指摘して、審判員に対してアウトを主張し、その承認を求める行為

ボーク
塁上に走者がいるときの、投手の反則行為。全走者に一個の進塁が許される

バッター（打者）
バッターボックスに入って攻撃するプレイヤー

バッターランナー（打者走者）
打撃を終わった打者がアウトになるまで、または走者として塁に達するまでの状態を指す用語。バッターランナーはすでにバッターではなくランナーなので、バッターランナーのときに守備妨害をしたら、バッターの妨害とは扱いが異なる

バッテリー
ピッチャーとキャッチャーをあわせて呼ぶ言葉

バント
バットをスイングしないで、内野をゆるく転がるように意識的にミートした打球

ダブルヘッダー
1日のうちに相次いで行う2試合。プロ野球では、第2試合は第1試合の終了30分後に開始する

ダブルプレイ（併殺）
守備側プレイヤーが連続した動作で、2人の攻撃側プレイヤーをプットアウトにするプレイ。2つのプットアウトの間に失策が介在したらダブルプレイではない

フォースダブルプレイ
フォースアウトの連続によるダブルプレイ

リバース・フォースダブルプレイ
第1アウトがフォースプレイで行われ、第2アウトがフォースアウトされるはずの走者に行われたダブルプレイ。例えば、1死走者1塁、打者が1塁ゴロを打ち、打球をつかんだ一塁手が1塁に触れ（フォースアウト）、続いて二塁手か遊撃手に送球して1塁走者をタッグプレイでアウトにしたような場合

ファウルチップ
打者の打ったボールが、鋭くバットから直接捕手に飛んで、正規に捕球されたもの。2020年までは正規捕球の定義が厳しく、打球が直接捕手の手またはミットに触れたものだけがファウルチップとされていたが、2021年の改正でチップした打球が最初に捕手の身体や用具に触れても、跳ね返ったボールをそのまま地面に落とすことなく確保すれば全てファウルチップとすることになった。ファウルチップは通常のファウルとは異なり、ボールインプレイでストライクとして扱われる。

PART 1

競技場
の
ルール

公認野球規則：1.01　2.01　2.05

球場の規定

野球は囲いのある競技場で行う

野球場は、その大きさや形にかなり個性がある。最低限の広さの決まりはあるが、それをクリアすれば自由度は高い。

球場ごとに広さや形が
まったく異なるのが野球場の特徴

　野球をプレイするための競技場には、囲いが必要です。本式の球場は、フィールド全体がラバーフェンスで囲われているのが普通です。簡易的には金網フェンスや、その他の材料の場合もありますが、ボールが簡単に外に転がり出ないようにしなければなりません。もし、囲いが不十分で、ラインで区切られているだけのような場合は、グラウンドルールを策定して、取り決めをしておく必要があります。

　一方で、外野までの距離や、ファウル地域の広さ等については、最低限の取り決めはありますが、細かい規定はありません。ですから、球場ごとに個性ある形が見られます。

中堅フェンスまで
400フィート（121.918m）以上が理想

フェアグラウンドの外野
フェンスまでは本塁から
250フィート（76.199m）
以上が必要

両翼のフェンスまで
320フィート（97.534m）以上が理想

1〜10フィート

20フィート

15フィート

コーチースボックス

塁線からファウルグラウ
ンドにあるフェンスやス
タンド等まで60フィート
（18.288m）以上を推奨

ネクストバッタースボックス

直径5フィートの円

本塁から60フィート
（18.288m）以上を推奨

37フィート

1フィート＝約30cm
1インチ＝約2.5cm

バックストップ

ベンチ（規則2.05）
競技場に付随する設備としてホーム用、
ビジター用各1個ずつベンチを設ける。
プレーヤーおよびその他のチームのメン
バーは、競技にたずさわっていないと
きはベンチに入っていなければならな
い。ベンチの左右後方の三方には囲い
をめぐらし、屋根を設けることが必要

公認野球規則：2.01「定義12」

内野の区画

内野だけはどんな球場でも共通

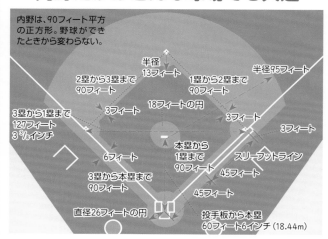

内野は、90フィート平方の正方形。野球ができたときから変わらない。

半径13フィート

2塁から3塁まで90フィート

1塁から2塁まで90フィート

半径95フィート

3塁から1塁まで127フィート3⅜インチ

3フィート

18フィートの円

3フィート

3フィート

本塁から1塁まで90フィート

6フィート

スリーフットライン

3塁から本塁まで90フィート

45フィート

直径26フィートの円

45フィート

投手板から本塁60フィート6インチ（18.44m）

塁間は90フィート（27.431m）
2塁ベースだけダイヤモンドからはみ出す

　外野やファウル地域の広さ、フェンスの高さなどには自由度が認められている野球の競技場ですが、90フィート（27.431m）平方という内野の大きさだけは共通です。

　本塁から投手板を経て2塁へ向かう方角は、東北東へ向かっていることが理想とされます。これは、総合的に考えて、太陽光線が一番プレイに影響を与えにくい方角ということです。

　なお、内野と外野の境目を示すグラスライン（芝生の切れ目）はMLBで2023年から全球場統一で投手板の中心から半径95フィート（28.955m）となりましたが、日本では適用していません。

ベース周りの区画線

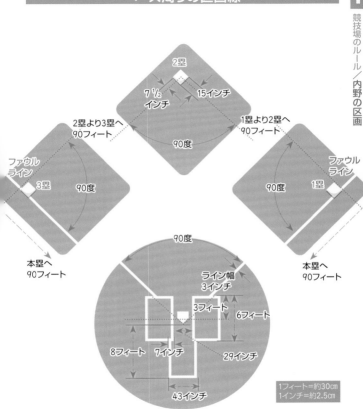

2塁

7 ½インチ　15インチ

2塁より3塁へ
90フィート

1塁より2塁へ
90フィート

90度

ファウル
ライン

3塁　90度

1塁より2塁へ
90フィート

90度

ファウル
ライン

1塁

本塁へ
90フィート

本塁へ
90フィート

90度

ライン幅
3インチ

3フィート　6フィート

8フィート　7インチ

29インチ

43インチ

1フィート＝約30cm
1インチ＝約2.5cm

ラインは区画の一部なの
で、ラインの外側が区画
線と一致するように引く

19

公認野球規則：2.01　4.01(b)

区画線を表すライン

野球のラインは3インチ（7.6cm）

ラインは区画の一部なので、ラインの外側が本当の区画線。ベースもそこにピッタリ重なるよう置かれている

ファウルラインを示すのに、
木材その他の堅い材料を使うのは禁止

　野球規則の本文には、グラウンドに引くラインの幅は明記されていません が、『公認野球規則』の巻頭図と巻末の「メートル法換算表」に「3インチ（7.6cm）」と書かれています。このことから、市販されている野球専用のライン引きも7.6cmの線が引けるように作られています。

　一般的にラインは専用の石灰で引かれることが多いですが、外野の芝生に白いペンキで引いてあったり、人工芝の場合はラインに当たる部分の芝が白色だったりすることも多いです。ルールでは、塗料やチョークなど、白い材料なら何でもよいとされています。

ラインは区画の一部

　ラインは、区画を表すために便宜的に幅のある白線で示されている。つまり、ラインの外側が本当の区画線ということになる。たとえば、フェアかファウルか微妙な打球の判断をする場合、ラインから完全に外れていればファウルだが、ラインに一部でもかすっていればフェアということになる。

ファウルポール

　ファウルラインの延長線上にファウルポールを立てる。つまり、ファウルポールはフェア地域にあることになるので、インフライトの打球が直撃すればホームラン。バウンドしたフェアボールが当たればボールデッド。直径は特に定められていないが、ファウルラインより太いことが多い。色の規定も特にないが、ファウルラインと同じく白く塗るか、判定しやすいよう黄色やオレンジ色が使われていることが多い。また、判定を容易にするためにフェア地域側に金網を張り出させることも推奨される。

日本のプロ野球では高さが16m以上必要と定められている

ベース

本塁ベースは前面の幅が17インチ（43.2cm）

現在は五角形の本塁ベースだが、19世紀には正方形や円形の時代もあり、フェア地域からはみ出していた時代もあった

1・2・3塁は1辺15インチ（38.1cm）平方で 3〜5インチ（7.6〜12.7cm）の厚みがある

　競技場の内野部分には走者が進むためのベースが4つあります。一塁、二塁、三塁のベースは1辺15インチの正方形で、3〜5インチの高さがあります。本塁ベースは1辺17インチの正方形を2か所切り落として作った形の五角形で、地面と水平に置きます。ベースは地面にしっかり固定することが必要です。内野の大きさが90フィート平方であることは1845年からずっと変わりませんが、その四隅を表示するベースの位置と形は微妙な調整が続けられました。1900年頃には現在の位置と形で落ち着きましたが、OBRでは2023年に一塁、二塁、三塁が18インチ（47.5cm）平方に拡大。今なお変遷を続けています。

ベースのサイズ

本塁ベース

17インチ（43.2cm）

8½インチ
（21.6cm）

12インチ
（30.5cm）

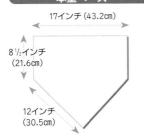

白色のゴム板で作り、本式の競技場では厚みのあるゴムのかたまりを地面に埋め込む。12インチの辺は一塁線および三塁線に一致し、表面が地面と水平になるよう設置する

1・2・3塁ベース

15インチ（38.1cm）

15インチ
（38.1cm）

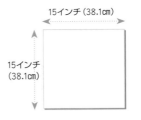

白色のキャンバスまたはゴムで被覆されたバッグで作り、定められた基点に従って地面に固定する。OBRでは2023年から18インチ平方に拡大されたが（マイナーリーグでは2021年から試行）、日本では従来通り15インチのままである

ベースの位置

基点はp19を参照。本塁および一塁と三塁は完全に内野の中に入るが、二塁はその中心点を基点に置くため、大きさの4分の3は内野からはみ出すことになる

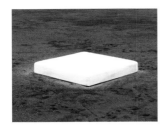

走塁の衝撃で
ベースが動いた場合

❶走者が塁に安全に達した後でベースが動いてしまっても、その走者に対してプレイをすることはできない

❷プレイ中にベースが定位置から動いてしまい、引き続いて次の走者が進塁してきた際は、もともとベースが置かれていた地点に触れるか、その地点にとどまることで、その走者は正規に塁を触れたもの、あるいは正規に塁を占有したものとみなす

公認野球規則：2.01　2.04

マウンドと投手板

ピッチャーだけに与えられた特別な場所

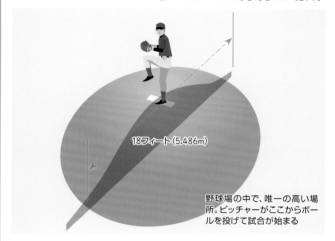

18フィート（5.486m）

野球場の中で、唯一の高い場所。ピッチャーがここからボールを投げて試合が始まる

ピッチャーは高いところから投球する代わりにプレートに触れて投げる義務を負っている

　投手板は、横24インチ（61.0cm）、縦6インチ（15.2cm）の長方形のゴムの板です。色は白です。マウンドの中央ではなく、やや後ろ寄りにあります。

　マウンドの高さは10インチ（25.5cm）。以前は15インチでしたが、1969年（日本では1988年）に変更されました。野球のルールは時代によって変わりますが、一番最初はマウンドも投手板もなく、ピッチャーは「投球ボックス」内から投げていました。そこから、打者有利、投手有利のバランスを取るために色々試行錯誤して、現在の形に落ち着いています。

マウンドは直径18フィートの円

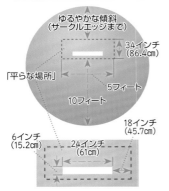

ゆるやかな傾斜
（サークルエッジまで）

34インチ
（86.4cm）

「平らな場所」

5フィート

10フィート

18インチ
（45.7cm）

6インチ
（15.2cm）

24インチ
（61cm）

規則ではマウンドは「18フィートの円い場所」と表現される。ここでは、投手は投げる方の手を口または唇につけることを禁じられているし、監督・コーチが投手のもとに行ったかどうかの基準にもなっている（日本ではファウルラインに置き換えて適用）。

ちなみに、18フィートは約5.5メートル。相撲の土俵（約4.5メートル）よりやや大きいくらいの直径。

ロジンバッグ

投手用のすべり止めロジンバッグは、投手板の後方に置いておかなければならない。投手板の後方といっても、すぐ後ろでは打者の目に入って邪魔になることもあるので、マウンドの後ろに置くよう心掛けたい。ロジンバッグにボールが触れたときは、どんなときでもボールインプレイ。

雨天の場合やグラウンドが湿っている場合は、ロジンバッグがダメになってしまうので、審判員の指示で投手の腰のポケットに入れさせる。この場合は1個のロジンバッグを両チームの投手に交互に使用させる。

投手がこのロジンバッグを用いて、素手にロジンをつけることは許されるが、プレイヤー（投手・野手とも）がボールに直接ロジンをふりかけたり、グラブやユニフォームにロジンをふりかけたりすることは許されない。

ロジンバッグの使い過ぎで試合を遅延させることがないよう気をつけよう

公認野球規則：4.05

グラウンドルール
試合前にきちんと確認しておく

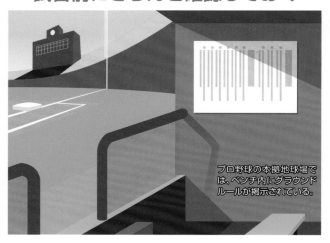

プロ野球の本拠地球場では、ベンチ内にグラウンドルールが掲示されている。

球場ごとに形が違うので
あらかじめ取り決めておく

　規則では、観衆が競技場内にあふれ出ている場合、打球、送球が観衆内に入ったときや、その他の不測の事態に応じるため、ホームチームの監督がグラウンドルールを作り、球審と相手チームの承諾を求めることになっています（規則4.05）。

　しかし、現在では観衆が競技場内にあふれ出るようなことはまれですし、野球場は、その形や構造が球場ごとに違うため、実際には球場が作られた段階で、様々なグラウンドルールがあらかじめ作られていて、公表されているのが普通です。試合開始後にトラブルにならないよう、試合前にしっかり確認しておきましょう。

セ・リーグアグリーメント
第37条（野球規則とグラウンドルール）

(2)各球団の本拠地球場のグラウンドルールは連盟と球団の当事者が協議して決定し、これを球場内の両ダッグアウト内に掲示する。グラウンドルールの掲示板は、1辺が1メートルある板に、地色を白ペンキで塗り、黒ペンキで分かりやすく書かなければならない。

グラウンドルールが作成される例

❶打球がドーム球場の天井に当たったらどうするか
❷手が届かないラバーフェンスの上にボールが乗ったらどうするか
❸フィールド内に木がせり出してきていて、そこに打球が当たったらどうするか
　など

「天井ルール」の統一

　プロ野球の本拠地球場としてドーム球場が増える中で、以前は天井に打球が触れたり挟まったりした際のルールが球場ごとにまちまちだった。審判員も判定に際して混乱することがあったりしたため、2016年に天井に関するルールが全6球場で統一され、原則として「フェア地域の天井に当たったらボールインプレイ、ファウル地域の天井に当たったらボールデッド」ということになった。

打球がドーム球場の天井に当たったときは、グラウンドルールに従う

プロ野球本拠地球場の
グラウンドルールの例（抜粋）
（2024年2月末段階）

東京ドーム

①打球が、フェア地域上の天井や懸垂物に当たった場合は、ボールインプレイとする。ファウル地域上の天井や懸垂物に当たったり、穴や隙間に入り込んだ場合は、ボールデッドとする。

②打球が、フェア地域内にある天井の穴または隙間に入り込んだ場合、あるいは懸垂物に挟まった場合は、ボールデッドとし、打者および走者には投球当時を基準にして2個の安全進塁権が与えられる。

③内野から外野にかけてフェンス上にボールが留まった場合は、ボールデッドとする。ただし、バックネットの低いフェンス上にボールが留まった場合は、ボールインプレイとする。

④ボールボーイ用の椅子にボールが当たってプレイングフィールドに跳ね返った場合は、ボールインプレイとする。ただし、ダッグアウトの屋根の上に留まるか、ひさしに当たった場合は、ボールデッドとする。

⑤エキサイトシート内にボールが入った場合は、ボールデッドとする。ただちにプレイングフィールドに跳ね返った場合もボールデッドとする。

⑥ボールがカメラマン席に留まった場合は、ボールデッドとする。ただちにプレイングフィールドに跳ね返った場合もボールデッドとする。

明治神宮野球場

（1）ボールがダッグアウトに入った場合はボールデッドとする。またダッグアウト内のバットケースに触れ、ただちにプレイングフィールドに跳ね返ってもボールデッドとする。

（2）ボールがカメラマン席に留まった場合はボールデッドとする。ただちにプレイングフィールドに跳ね返った場合もボールデッドとする。

（3）ボールがダッグアウト上のひさしに当たるか、屋根に乗った場合はボールデッドとする。ただちにプレイングフィールドに跳ね返った場合もボールデッドとする。

横浜スタジアム

（1）ボールがダッグアウト内およびカメラマン席に入った場合は
ボールデッドとする。ただちにプレイングフィールドに跳ね
返った場合もボールデッドとする。

阪神甲子園球場

①ボールがダッグアウト（一塁ダッグアウト横の通路も含む）前面
に引いてある黄線を越えた場合はボールデッドとする。（プレイ
ングフィールドに跳ね返ってもボールデッド）

②本部席屋根の上に引いてある黄線を越えた場合はボールデッドと
する。（プレイングフィールドに跳ね返ってもボールデッド）

③カメラマン席前面に引いてある黄線を越えた場合はボールデッド
とする。ただちにプレイングフィールドに跳ね返った場合もボー
ルデッドとする。

MAZDA Zoom-Zoomスタジアム広島

①ボールが、ダッグアウト、カメラマン席及び砂かぶり席に入った
場合は、ボールデッドとする。（カメラマン席前部のラバーフェ
ンス上部は、ボールインプレイとする。）

②左翼ホームランポールからセンター方向に向かって約11.5mの範
囲内においては、2層目観客席のフェンス上端の黄色のラインを
超えた場合は、本塁打とする。

③内野から外野にかけてのフェンス上にボールが留まった場合はボー
ルデッドとする。

ZOZOマリンスタジアム

①ボールがカメラマン席に留まった場合はボールデッドとする。た
だちにプレイングフィールドに跳ね返った場合もボールデッドと
する。

②内野から外野にかけてのフェンス上にボールが留まった場合はボー
ルデッドとする。

③サブマリン・シート内にボールが入った場合は、ボールデッドと
する。ただちにプレイングフィールドに跳ね返った場合もボール
デッドとする。

ほっともっとフィールド神戸

④ボールがダッグアウト内のバットケースに当たってただちにグラ
ウンド内に跳ね返った場合は、ボールインプレイとする。

野球用語解説 ❷

ホームチーム
あるチームが自分の球場で試合を行う場合、相手に対して自チームのことを指して呼ぶ言葉。相手チームのことはビジティングチームまたはビジターと呼ぶ。ホームチームが後攻、ビジターが先攻になる。アマチュア野球のように中立の球場で行う場合には、どちらがホームチームになるかは別途定める

イリーガルまたはイリガリー
規則に反すること

リーガルまたはリーガリー
規則に準拠していること

ライブボール
インプレイのボールのこと。英語では反対語は「デッドボール」（生きていない球）だが、日本では死球を「デッドボール」と呼ぶので、混同しないよう、「ボールがライブか、デッドか」というような使い方をする。英語では死球は「ヒットバイピッチ (hit by a pitch)」などと呼ぶのが通例

オーディナリーエフォート
（普通の守備行為）
天候やグラウンドの状態を考慮に入れ、あるプレイに対して、各リーグの各守備位置で平均的技量を持つ野手の行う守備行為。インフィールドフライの判断や、安打・失策の記録の判定などで用いられる概念

ピッチ（投球）
投手が打者に対して投げたボールをいう。プレイヤーからプレイヤーに送られる「送球」と区別される

ピッチャース・ピボットフット
（投手の軸足）
投手が投球の際、投手板に触れている方の足

"プレイ"
球審が試合を開始するとき、およびボールデッドの状態から試合を再開するときに用いる命令の言葉

クイックリターンピッチ
打者の虚を突くことを意図した投球をいう。これは反則投球である

リタッチ
走者が、規則によって、帰塁しなければならない塁へ帰る行為

ランダウン（挟撃）
塁間で走者をアウトにしようとする守備側の行為。2人以上の野手が、走者を挟み撃ちにしてタッグしようと追いかける

スクイズプレイ
3塁に走者がいる場合、バントによって走者を得点させようとするチームプレイのこと

PART 2

用具
の
ルール

公認野球規則：4.01（c）（d）（e）

ボール

硬式ボールは牛皮か馬皮で作られる

重さ：141.7〜148.8g
周囲：22.9〜23.5cm

硬式ボールは2片の白い牛皮か馬皮を、頑丈に縫い合わせて作る。わが国では牛皮が用いられる

縫い目の数は108

米国プロ野球では長年ローリングス社製で統一。日本のプロ野球でも2011年からミズノ社製で統一された。

※写真は2013年までの旧モデル

硬式ボールの規格は
プロからリトルまで共通

　野球のボールは、大人も子どもも世界共通。作り方も、重さも大きさも同じ規格です。ただ、重さも大きさも、その規格には幅が許容されていますし、品質の問題もあるので、プロ野球で使うボールとリトルリーグで使うボールが全く同じとはいえない面もあります。日米のプロ野球でも、ボールの大きさや重さ、縫い目の高さの違いが話題になることがあります。

　動物の皮で作られる硬式ボールは、品質管理が大変です。日米とも、プロ野球で使うボールはメーカーが統一されていますし、1個1個が丁寧に包装されていて、湿度まで管理することもあります。

試合前にボールを「汚す」

硬式ボールは新品のままでは使えない。表面に塗られているロウを落とし、すべりを抑え、光沢を消すために、特殊な砂などを用いて1個1個丁寧にこねてから使う。真っ白なボールは、やや汚れた感じに仕上がる

ボールをこねる作業は審判員の大事な仕事。ただし、ホームチームや球場係員などが行う場合もある。プロ野球では試合前に6ダース前後を用意し、必要なら試合中に追加する

使用する泥

米国のプロ野球では特殊な泥が使われ、その製法・産地が秘匿されていることで有名。日本でもメーカーが用意した磨き砂を使うことが増えてきたが、グラウンドの土などを使うこともある。

ボールは頻繁に交換する

球審は常に2個以上の予備球を持つ

硬式ボールは、傷がついたり変形したりすると投球に劇的な変化が現れることがあるので、プロ野球では頻繁に交換される。試合球の用意に余裕のないアマチュア野球では、大きな傷以外ではそれほど頻繁には交換できないが、丁寧に磨きなおし、泥や汚れをよく落として何度も使う

33

公認野球規則：3.02　6.03(a)(4)

バット
飛距離を伸ばす改造はアウト

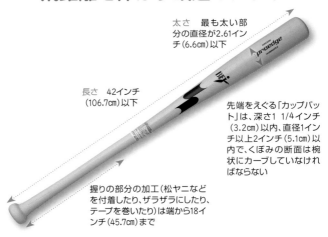

太さ　最も太い部分の直径が2.61インチ（6.6cm）以下

長さ　42インチ（106.7cm）以下

先端をえぐる「カップバット」は、深さ1 1/4インチ（3.2cm）以内、直径1インチ以上2インチ（5.1cm）以内で、くぼみの断面は椀状にカーブしていなければならない

握りの部分の加工（松ヤニなどを付着したり、ザラザラにしたり、テープを巻いたり）は端から18インチ（45.7cm）まで

一本の木材で作ることが原則
違法な改造をしないよう注意

　バットは一本の木材で作られた、なめらかな円い棒であり、最も太い部分の直径が2.61インチ（6.6cm）以下、長さが42インチ（106.7cm）以下と定められています。実際にそんな長いバットを使う人はおらず、34インチ前後の長さが一般的です。

　プロ野球では、金属製バットや、木片や竹を接合したバットは認められていませんが、アマチュア野球では認められている場合があります。その際は各団体の取り決めに従ってください。

　バットは、打球の飛距離を伸ばそうと、昔から様々な工夫がされてきました。違法にならないよう充分注意が必要です。

木製以外のバットと着色バット

　規則では「一本の木材で」作るとされているが、社会人野球や大学野球では木片や竹の接合バット、あるいは樹脂加工バットが認められている場合もある。また、高校以下の年代では経済性を考慮して、一般的に金属製のバットが使用される。2024年から高校野球の金属バットは反発力の低い新基準となった。

　木製の着色バットも各団体で認められていて、NPBではダークブラウン・赤褐色・黒色、アマチュアでは黒色・ダークブラウン系・赤褐色系・淡黄色系と規定されている。

不適合バットでも交換するだけで OK

　長さ、太さ、握りの加工等が規則に適合していなくても、そのバットを使っていたというだけでアウトになることはない。指摘されれば交換すればいいし、そのバットによる打撃の結果が取り消されることもない（規則3.02【付記】）。

※バットの持ち手の端のでっぱり（グリップエンド）以外に意図的に「コブ」（第二のグリップエンド）を作ることは禁止されている（野球審判員マニュアルⅢ-⑥）。過去にはグリップの途中にテープを何重にも巻いたり、グリップにリング状のものを取り付けたりして「コブ」を作った例がある。

飛距離を伸ばす改造だけは即アウト

　木製バットに穴をあけて空洞にしたり、その中に詰め物をしたりという改造によって飛距離を伸ばそうとするケースだけは、打者アウト、退場という厳しい罰が下される（アマチュアではアウトだけ）。打撃の結果、走者の進塁があっても認められない。

　このようなバットを持ってバッターボックスに入っただけで、使用したとみなすので、注意が必要である。

野球規則　公認野球規則6.03

次の場合、打者は反則行為でアウトになる。
(a)(5)打者が、いかなる方法であろうとも、ボールの飛距離を伸ばしたり、異常な反発力を生じさせるように改造、加工したと審判員が判断するバットを使用したり、使用した場合。（以下略）

公認野球規則：3.03

ユニフォーム

同じユニフォームを着ないと違反になる

ホームゲーム用

ロードゲーム用

打撃用ヘルメットや
スパイクもチームで
同一のデザイン

同じデザインのユニフォームを着ないと
試合に出られない

　野球チームはそれぞれ独自のユニフォームを用意し、その選手は同じユニフォームを着なければなりません。当たり前のことのようですが、「同じ」というのは、色、形、デザインが共通であることを意味します。袖の長さなどは各人で異なっていてもいいことになっていますが、各自の両袖の長さはほぼ同一にしなければなりませんし、ボロボロになったり、切れたり裂けたりしていてもいけません。野球のルールは、結構細かいことを要求します。

　プロではホームゲーム用に白色、ロードゲーム用に色物のユニフォームを用意しますが、アマチュアではそこまでは要求しません。

背番号や個人名

　規則では6インチ（15.2cm）以上の大きさの背番号をつけなければならないとされているが、個人名は必須ではない。ただし、個人名をつけることになったら全員がつける。

　届け出ている背番号と違う番号をつけ間違えたり、選手同士でユニフォームを取り違えたりしていても罰則はなく、正しく取り替えさせればよい。

禁止事項

❶ユニフォームの色と異なったテープなどを張り付けることは禁止

❷野球用ボールをかたどったり、連想させるような模様は禁止

❸ガラスのボタンや、ピカピカした金属をつけるのは禁止

❹コートを着て競技に携わるのは禁止。ただし、ベースコーチと走者になった投手は除く

❺ユニフォームのいかなる部分にも広告をつけることは禁止

（→現在のプロ野球では許可制で認めている。アマチュア野球も団体ごとに内規がある）

監督、コーチも同じユニフォームを着用

　規則には何も書かれていないが、監督、コーチも選手と同じユニフォームを着用するのが一般的で、各団体でそのように規定している場合が多い。大昔の大リーグには背広姿の監督もいたが、現在ではそのようなことはない。

　逆に、トレーナー、マネジャー、通訳などは試合に直接参加する資格がないので、ユニフォームを着てはいけないことになっている。

スパイク

　規則には明記されていないが、スパイクもユニフォームの一種として、統一された色とデザインでなければならないとされている。団体によってその制限はそれぞれ異なり、たとえばプロ野球ではスパイクの地の色と線の色がそれぞれ同一であれば商品によるデザインの違いは許容されるが、高校野球では表面の色は黒または白一色でなければならないと定められている。

公認野球規則：3.05　3.06　3.07

投手・野手のグラブ
各団体の制限に注意して選ぶ

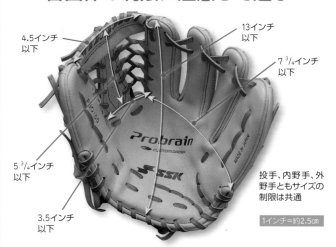

4.5インチ
以下

13インチ
以下

7 3/4インチ
以下

5 3/4インチ
以下

3.5インチ
以下

投手、内野手、外
野手ともサイズの
制限は共通

1インチ＝約2.5㎝

サイズは市販品では問題ないが
色や素材などは各団体に確認しよう

　グラブは皮製で、重量には制限がありません。最近では、皮ではなくメッシュ素材を一部に用いたものもありますが、多くの団体で使用が認められているようです。大きさについては規定があるので、写真を参照してください。市販されているものを使用すれば、規則に適合するよう作られているので大丈夫です。

　色については、従来投手のみ白色や灰色の使用が禁止されていましたが、2014年に規則が改正され、全ての野手について薄すぎる色のグラブの使用が禁止されました。これは、プレイをより見やすくするための措置です。

グラブの種類

内野手用のグラブ

外野手用は内野手用より
大きいが、規格内のサイズ

外野手用のグラブ

投手用のグラブ

打者を幻惑させるような色は禁止で、「縁取り」（ヘリ革）以外、白と灰色は使えない。以前は全体が1色という制限があったが、米国では2007年から、日本でも2017年から緩和された

※PANTONE®の色基準14番より薄い色の制限や、投手用グラブの配色制限などについては、各団体で取り扱いが異なるので、使用については内規等を確認してください

野球
規則

公認野球規則3.07

投手を含む野手のグラブの規格および構造は、3.06規定の通りであるが、別に次の制限がある。

（a）投手のグラブは、縁取りを除き白色、灰色以外のものでなければならない。審判員の判断によるが、どんな方法であっても幻惑させるものであってはならない。守備位置に関係なく、野手はPANTONE®の色基準14番よりうすい色のグラブを使用することはできない。

【注】アマチュア野球では、投手のグラブについては、縁取り、しめひも、縫い糸を除くグラブ本体（捕球面、背面、網）は1色でなければならない。

（b）投手は、そのグラブの色と異なった色のものを、グラブにつけることはできない。

一塁手・捕手のミット

捕手と一塁手だけが使用できる

捕手と一塁手だけはボールを捕る頻度が高く、特殊なポジションなので、捕球に特化したミットの使用が認められている

ミットで他の守備位置を守るのはダメ
一塁手はグラブで守ってもOK

　捕手と一塁手には、ミットと呼ばれる特別なグラブの使用が認められています。いずれも重量に制限はありません。大きさの制限は写真を参照してください。

　ミットは特殊な形をしているため、捕手と一塁手以外の守備位置では使うことができません。一塁手は普通のグラブを使っても構いませんが、捕手はミットを使うようルールが示しています。安全のためにも専用のミットを使用したいものです。なお、捕手と一塁手以外のポジションでミットを使用していてもペナルティはないので、使用していた選手に取り換えさせるだけです。

ミットの種類

4インチ
以下

6インチ
以下

6インチ
以下

15.5インチ
以下

キャッチャーミット

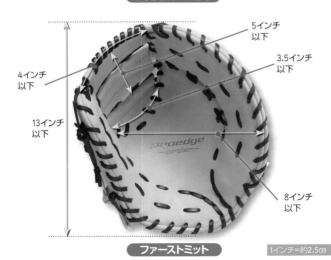

5インチ
以下

3.5インチ
以下

4インチ
以下

13インチ
以下

8インチ
以下

ファーストミット

1インチ＝約2.5㎝

公認野球規則：3.08

捕手や打者の防具等

防具などにもルールがある

マスク・ヘルメット

プロテクター

安全のため急所
カップもきちん
と装着したい

レッグガード

バッターの防具

打者用防具の使用については
所属団体の規定に従う

キャッチャー防具、ヘルメットその他、
身に着けるものには色々な制限がある

　捕手が身に着ける防具は規則に明記されていませんが、ボールに
当たる危険を避けるため、どんな野球団体でもマスク・ヘルメット・プロテクター・レッグガードの使用が義務付けられています。
ただし、防具をつけているからといって走者の走路をブロックする
ようなことはしてはいけません。

　また、打者は耳当て付きヘルメットを使用することが義務付けられています（MLBとNPBは片耳フラップを許可）。危険防止のためヘルメットの使用範囲は年々拡大していて、打者だけでなく、走者、捕手、ベースコーチ、バットボーイやボールボーイにも義務付けられています。アマチュア野球では捕手以外は全て両耳フラップが一般的ですが、所属する団体の規定に従ってください。

捕手用ヘルメットとマスク

捕手はボールおよびバットから頭部を守るため、ヘルメットとフェイスマスクの着用が義務づけられている。2016年の改正で、投球を受けるときは必ず両方着用することとなり、より厳格化された。これはインプレイ中に守備についている捕手だけではなく、イニング間の練習投球を受ける捕手や、ブルペンで練習投球を受ける捕手にも適用される。

※日本のアマチュア野球では、2020年から捕手用・審判用のマスクはSG規格合格品であることが義務化されており、SGマークの貼付されていないマスクは使用できない

野球規則

高校野球用具の使用制限（2024年度）

16. 捕手用具

プロテクター
レガース
スロートガード
■マークの表記
〈商標〉
・捕手用具の表面にはいかなる商標、マーク（型押しも含む）もつけてはならない。
〈カラー〉
・ブラック・ネイビー一色とする。
〈使用制限〉
・投球練習時（座って捕球する時）には、捕手用具を装着すること。

マスク
■カラー
・ブラック・ネイビー一色とする。
■その他
・スロートガード一体式でないマスクを着用する場合は、スロートガードを取り付ける必要がある。またそのカラーは本体同色とする。
・スロートガード一体式マスクを着用する場合、スロートガードを取り付ける必要はない。

基本となるユニフォーム以外のもの

リストバンドや手袋、サングラス、ネックレスなどを着用してよいかどうかは、各団体の内規による。また、着用を許可されていても色の制限があったり、使用できるポジションが限定されていたりすることもあるので事前にしっかり確認したい。

タッグ（触球）

野手が、手またはグラブに確実にボールを保持して、そのボールを走者に触れるか、ボールを保持した手またはグラブを走者に触れる行為。あるいは、手またはグラブに確実にボールを保持して、その身体を塁に触れる行為。塁を離れている走者にタッグすると、その走者はアウトとなる。グラブのひもが触れただけではタッグと認められない。塁または走者の身体に触れても、同時またはその直後にボールを落とせばタッグとは認められないが、タッグして送球に移る動作で落としたと審判員が認めればタッグとなる。タッグの成立には、野手が確実にボールをつかんでいたかどうかが必要である

タッチ（接触すること）

プレイヤーまたは審判員の身体はもちろん、着用しているユニフォームあるいは用具のどの部分に触れても、プレイヤーまたは審判員の身体に「触れた」ことになる。プレイヤーのポケットからはみ出している手袋にタッグすることは認められる。ただし、プレイヤーが身に着けているネックレス、ブレスレットなどの装身具は除かれる

スロー（送球）

ある目標に向かって、手および腕でボールを送る行為。投手の打者への投球（ピッチ）と常に区別される

トリプルプレイ（三重殺）

守備側プレイヤーが連続した動作で、3人の攻撃側プレイヤーをプットアウトにするプレイ。この3つのプットアウトの間に失策が介在したらトリプルプレイとはみなさない

ワイルドピッチ（暴投）

捕手が普通の守備行為で処理することができないほど高すぎるか、低すぎるか、横にそれるかした投手の正規な投球。野手の悪送球（ワイルドスロー）と区別される

パスボール（捕逸）

普通の守備でなら保持することができたと思われる投手の正規の投球を、捕手が保持または処理しないで、走者を進塁させたとき、捕手に捕逸が記録される

投手の投球当時（タイム・オブ・ピッチ）

投手が投球を実際に行った瞬間のこと。このとき走者が占有していた塁がどこであるかによって進塁の起点が決まるケースと、野手の送球当時を起点とする場合があるので区別が必要。日本のアマチュア野球では長らく「投手がボールを持って投球板に触れたとき」（オン・ザ・ラバー）を投球当時と解釈してきたが、2016年に「投手が打者に対する投球動作を開始したとき」（イン・モーション）と解釈が変更され、プロ野球や海外の野球と同一になった

野手の送球当時（タイム・オブ・スロー）

野手が送球を投げるときに、ボールが手を離れる瞬間のこと。このとき走者が占有していた塁がどこであるかによって進塁の起点が決まるケースと、投手の投球当時を起点とする場合があるので区別が必要

PART 3

試合
の
ルール

公認野球規則：4.01　4.02

審判員と監督
正式な試合に不可欠な存在

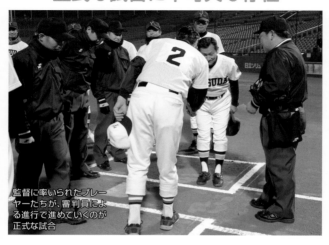

監督に率いられたプレー
ヤーたちが、審判員によ
る進行で進めていくのが
正式な試合

審判員は試合開始前に用具や競技場を確認
監督はチームの行動の全責任を持つ

　実際に試合を行うのは対戦する2チームのプレーヤーですが、規則1.01に定められている通り、正式な試合には試合を進行するための審判員と、チームを率いる監督が必要です。

　審判員はプレーヤーが使用する用具や競技場の状態を試合開始前に確認し、試合で使用するボールとロジンバッグの準備をします。監督は自チームの行動、野球規則の遵守、審判員への服従について全責任を持つと定められていて、本人が不在の場合には代理者を指定する必要があります。

審判員による試合開始前の準備

①競技に使用される用具やプレーヤーの装具が規則通りか監視する。

②競技場の区画線がはっきり見えるか確かめる。

③正規のボールをホームクラブから受け取り、少なくとも1ダース準備しているか確かめる（プロの場合）。

④ボールを検査し、ボールの光沢を消すため特殊な砂などを用いて適度にこねられていることを確認する。

プロ野球では、ボールの数は1ダースではとても足りないので、現在では6〜10ダース程度準備して使用している。アマチュア野球では、ボールは主催者が用意したり、各チームから出し合ったりするのが普通で、数量も予算に応じてまちまち。ボールの光沢を消す作業は審判員の重要な仕事だが、MLBではホームクラブの係員が行うのが一般的になったため、規則の文言も「確認する」に変更された。

監督の役割

①試合開始予定時刻の30分前までにリーグ会長または当該試合の球審に対して監督を指定する。

②監督は、プレーヤーやコーチを代理監督に指名することができる。

③監督が退場する場合は、プレーヤーやコーチを代理として指定しなければならない。代理監督は監督としての義務、権利、責任を持つ。監督が代理を指定しない場合は球審が指定する。

審判員と監督は判定を巡って言い争うこともあるが、基本的にはお互いを尊重しあって試合を進めていく立場である

公認野球規則：4.03

打順表の交換

最終の交換は試合開始5分前

試合開始予定時刻5分前に審判団と両監督が本塁でメンバー表を交換し、必要ならグラウンドルールなどを確認する「ホームプレートミーティング」を行うのが正式

日米ともプロ野球では
この正式のやり方で実施している

　メンバー表の交換は、試合開始予定時刻の5分前に行うと定められています。審判団と両チームの監督（代理者でもよい）が本塁付近に集合し、そこでメンバー表の照合を行い、問題なければ正本を審判員が持ち、副本を両監督が交換します。明らかな誤記等はこの段階で正しますが、交換終了後は、選手交代を規則通りに行わなくてはなりません。

　アメリカのプロ野球では実際にこの通り行われています。日本のプロ野球では長年、試合開始のおよそ40分前に交換してきましたが、2012年から試合開始5分前の交換が実施されています。

全責任の委託

　メンバー表が球審に手渡されたときから、競技場の全責任が審判員に託されることになる。この瞬間から、試合の打ち切りや一時停止、あるいは再開などに関する唯一の決定者は球審になる。

アマチュア野球では各団体の取り決めに従う

　アマチュア野球では、1日に数試合を消化することが普通なので、「試合開始1時間前」「前試合の5回終了時」など、少し早めに時間設定をして大会運営をスムーズに行えるようにしていることが多い。

なぜ試合開始ギリギリで交換するのか

　メンバー表を交換すれば、その後は正規の手続きを踏んで選手を交代しなければならなくなる。あまりに早くメンバー表を交換してしまうと、そのあとの準備中に負傷するなど突発事故があった場合に対応しづらくなるので、試合開始ギリギリで交換した方がよい。

　しかし、早めの提出で運営しているアマチュア野球などでは、内規を設けて柔軟に対応している場合が多い。

　たとえば高校野球では、メンバー表の交換から試合開始前の両チーム整列までの間の突発事故なら、メンバーの変更を認めている。

高校野球特別規則

6. 試合開始前の負傷による選手変更の特例
　オーダー用紙交換の後、試合開始前の両チーム整列までの間に、オーダー用紙に記載された先発出場選手が、突発事故の発生により止むを得ず先発出場が不可能となった場合、控え選手を交代出場させることができる。その場合は、出場不能となった選手の打撃順を引き継ぐが、守備位置の変更は認める。また、出場不能となった交代選手は試合に出場しなかったことになり、回復すれば以後の試合に出場することができる。

公認野球規則：5.01

試合の開始

投手が投げ、打者が打って試合が進む

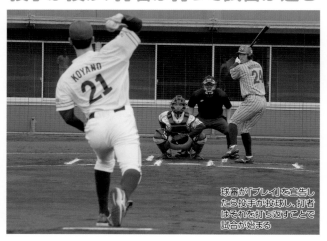

球審が「プレイ」を宣告したら投手が投球し、打者はそれを打ち返すことで試合が始まる

投手が打者に投球し、打者がそれを打ち返す
この繰り返しが試合進行の基本

　試合の準備が整ったら、球審が「プレイ」を宣告して試合が始まります。そして規定によってボールデッドとなるか、審判員が「タイム」を宣告して試合を停止しない限り、ボールインプレイの状態が続きます。試合の再開は再び球審の「プレイ」によって行われ、以後これを繰り返して試合が進みます。

　野球はもともと、投手が打者に打ちやすいボールを投げ、打者がそれを打ち返すことを楽しむスポーツでした。その後、投手も打者に打たせまいとするようになり、技術もルールも変わっていきましたが、打って投げての真剣勝負を楽しむ気持ちはいつの時代も変わらないでしょう。

野球規則　公認野球規則 5.01　試合の開始

(a)ホームチームの各プレーヤーが、それぞれの守備位置につき、ビジティングチームの第1打者が、バッタースボックス内に位置したとき、球審は〝プレイ〟を宣告し、試合が開始される。

(b)球審が〝プレイ〟を宣告すればボールインプレイとなり、規定によってボールデッドとなるか、または審判員が〝タイム〟を宣告して試合を停止しない限り、ボールインプレイの状態は続く。

(c)まず、投手は打者に投球する。その投球を打つか打たないかは打者が選択する。

ダブルヘッダー

規則では1日に2試合連続で試合を行う場合について、下記の規定を設けている。

❶選手権試合は1日2試合まで行うことができる。ただし、ダブルヘッダーに加えてサスペンデッドゲームを完了させるための試合を同日に行うこともできる

❷ダブルヘッダーの第2試合は、第1試合の完了後でなければ開始してはならない

❸ダブルヘッダーの第2試合は、第1試合の終了30分後に開始する。ただし、この2試合の間にこれ以上の時間（45分を超えないこと）を必要とするときは、第1試合終了後に球審が相手チームの監督に通告しなければならない

❹ホームクラブが特別の行事のために2試合の間を規定以上に延長したいと申し出て、リーグ事務局がこれを承認する場合もある。また、両チーム監督の同意を得れば、ダブルヘッダーの第2試合を、第1試合終了後30分以内に開始してもよい。いずれにしても、第1試合の球審は、第2試合が開始されるまでの時間を監視する任にあたる

❺審判員はダブルヘッダーの第2試合をできる限り開始し、競技はグラウンドコンディション、地方時間制限、天候状態などの許す限り、続行しなければならない

❻正式に日程に組み込まれたダブルヘッダーが、降雨その他の理由で開始が遅延した場合には、開始時間には関係なく最初に開始された試合がダブルヘッダーの第1試合となる

❼日程の変更により、ある試合をダブルヘッダーに組み入れた場合は、その試合は第2試合となり、もともと日程に組まれている試合が第1試合となる

❽ダブルヘッダーの第1試合と第2試合の間、または試合が球場使用不適のために停止されている場合、競技場をプレイに適するようにするために、球審は球場管理人（グラウンドキーパー）およびその助手を指図することができる。球場管理人およびその助手が球審の指図に従わなかった場合には、球審はフォーフィッテッドゲーム（没収試合）を宣告してビジティングチームに勝ちを与えることが許される

　上記はMLBを想定した規定だが、NPBでもほぼ同様の運用となっている。アマチュア野球では同じ球場で1日に複数の試合を実施することが多いので、試合と試合の間隔については各団体、大会等で規定が設けられている。

守備位置

「プレイ」のときはフェア地域に位置する

中堅手＝⑧、CF

左翼手＝⑦、LF

右翼手＝⑨、RF

遊撃手＝⑥、SS

二塁手＝④、2B

三塁手＝⑤、3B

投手＝①、P

一塁手＝③、1B

捕手＝②、C

守備位置を表す番号と略称

投手と捕手以外の野手は
フェア地域ならどこに構えてもよい

守備側の選手9人がそれぞれの位置につき、その回の第一打者がバッターボックスに入ると、球審が「プレイ」を宣告し、試合が始まります。このとき、投手は投手板につかなければならず、捕手もホームプレートの直後に位置しなければなりませんが、それ以外の7人の野手は、フェア地域内ならどこに位置しても構いません。

「プレイ」が宣告されるときに、野手がファウル地域にいたとしてもペナルティはなく、審判員が警告してフェア地域に戻らせて試合を再開します。警告の余裕がなく、そのままプレイが行われても、守備側がそれで有利になったときだけプレイを無効とします。

極端な内野シフトの禁止

　近年のMLBではデータ分析に基づく極端な守備シフトが目立ち、本来の野球の形を損なっているとの意見から、投手が投球動作を開始する際に内野手は、①内野の境目より前に両足を置くとともに、②4人の内野手は2人ずつ2塁ベースの両側に分かれて立たなければならず、③同一イニング中の左右入れ替わりも原則として禁じる、という規則が加えられた（2021年からマイナーリーグで試行後、2023年にOBR改正）。ただし、日本では実例があまり見られないため、この規定は適用していない。

　極端な守備シフトに関連してメジャーリーグマニュアルでは、本来の一塁手ではなく他の野手が1塁を守っていると審判員が判断したら、本来の一塁手がつけているファーストミットを普通のグラブに取り替えさせると規定している。

　また、シフトを取るために野手の守備位置を示す印を競技場内につけることも許されない（2017年OBR、2018年公認野球規則改正）。これはMLBでレーザー照射やGPSデバイスを使用したチームがあって問題視されたことによるもので、このほかにもスプレー状のペイントやチョークなどの使用が想定されている。

「ホームプレートの直後」とは？

　故意四球が企図されたときは、ボールが投手の手を離れるまで、捕手はその両足をキャッチャースボックス内に置いていなければならない。違反するとボークになる（p211参照）。

　それ以外のときはプレイのためならボックスを出てもよいことになっているが、打者の手が届かないほど遠くに構えるのは「打つ」ことから始まる野球の原点を損なうので、日本のアマチュア野球では、捕手が普通に構えるときにも、キャッチャースボックスを出ないで、ストライクで勝負する投手を育てようという運動を行っている。

公認野球規則：3.08(e)　5.03　6.01(a)(8)(9)(b)(d)(f)

ベースコーチ

攻撃期間中は必ず立たせる

コーチスボックスから打者や走者に指図をするのがベースコーチの仕事。必要があれば多少はボックスから出てもいいが、選手と接触したりしないよう気をつける

1塁・3塁のコーチスボックスで
打者や走者に指図をする役割

　攻撃側チームは、攻撃期間中には2人のベースコーチを、1塁と3塁のコーチスボックスに立たせなければなりません。プロ野球では、ベースコーチは事前に届け出てある2人に限られますが、アマチュア野球ではそのような制限がないのが普通で、指導者ではなく控え選手が務めることもあります。

　ベースコーチは、チームのコーチの一員で、プレイヤーと同じユニフォームを着ます。以前はそうではありませんでしたが、近年ヘルメット着用が義務付けられました。また、任務中はコーチスボックスを離れてはいけません。

ヘルメット着用の義務

2007年にマイナーリーグでベースコーチが打球に当たって死亡する事故が起きてから、ヘルメット着用が推奨された。2008年に大リーグとマイナーリーグ、2009年に日本のアマチュア野球、2010年に日本のプロ野球で義務化され、2011年の規則改正で『公認野球規則』にも明記された。

コーチスボックスを出る

ベースコーチは原則としてコーチスボックス内にいなければならないが、走者に「滑れ」「進め」「戻れ」とシグナルを送るために、コーチスボックスを離れて自分の受け持ちのベース近くで指示をすることは、プレイを妨げない限り許される。ただし、例えば3塁コーチが本塁近くまで来て指示をするようなことは許されない。

また、ベースコーチは、用具の交換を除き、特にサイン交換がなされている際などには走者の身体に触れてはならない。これはスピードアップが目的で、ベースコーチが過度にボックスを離れて選手に触れながら指示を与えたりすることを制限するものである。

危険防止のため、打球がベースコーチを通過するまでは、コーチスボックスの本塁寄りとフェア地域寄りに立ってはならないと定められている。もし相手チーム監督から異議申し出があれば、審判員は規則を厳しく適用し、そのコーチに警告を発してコーチスボックスに戻らせる。警告しても戻らなければ退場となる。

ベースコーチの妨害

送球が偶然ベースコーチに触れてもボールインプレイ。ベースコーチが故意に送球を妨害したら走者アウト。守備者の邪魔になるようなときには、場所を譲らなければならない。ベースコーチの肉体的援助についてはp176を参照。

公認野球規則：5.08

得点の記録

正しく進塁して本塁に到達すれば1点

タイムプレイが発生して、得点を認めるときは、本塁を指さして"That run scores,that run scores!"（「得点が入った！」）と言い、記録員に向かって"Score that run!"（「1点！」）と言う

第3アウトの状況によっては、得点が認められないこともある

　3人アウトになってそのイニングが終了する前に、ランナーが正規に1塁、2塁、3塁、本塁と進めば、その都度1点が記録されます。得点と第3アウトが重なった場合には、本塁触塁が早いか第3アウトが早いかを審判員が確認して、記録員に伝えなければなりません。このような状況を「タイムプレイ」といいます。

　ただし、第3アウトが①打者走者の1塁到達前のアウト、②走者のフォースアウト、③前位の走者が塁を空過してのアウトだった場合は、走者の本塁到達の方が早くても得点は記録されません。

タイムプレイが発生して、得点を認めないときは、第3アウト成立直後に記録員に向かって"No run, no run!"(「無得点!」)と言う

ケーススタディ!

❶1アウト2・3塁。打者が安打して3塁走者生還。2塁走者は本塁でアウトになった。この間打者走者は2塁に到達していたが、1塁を空過していたのでアピールされてアウトになり、3アウトになった。

→第3アウトが打者走者が1塁に到達する前のアウトの形をとっているので、無得点

❷2アウト満塁。打者は本塁打を打って、4人とも生還。しかし打者走者が1塁を空過しており、アピールされてアウトになった。

→第3アウトが打者走者が1塁に到達する前のアウトの形をとっているので、無得点

❸1アウト1・2塁。打者は本塁打を打った。3人とも生還したが、2塁走者が3塁を空過しており、アピールされてアウトになった。

→1塁走者と打者の得点は認められる。得点2、2アウトで再開

❹1アウト1・3塁。打者はライトフライで2アウト。3塁走者は正しくリタッチして生還。しかし1塁走者が飛び出していたので、1塁に送球されてアウトになった。

→第3アウトはフォースアウトではなくアピールアウトであるため、3塁走者の本塁触塁が1塁でのアウトより早ければ得点は認められ、遅ければ無得点となる(タイムプレイ)

満塁押し出しで決勝点

満塁押し出しでサヨナラになる場合は、3塁走者が本塁に、打者走者が1塁に触れるまで球審は試合終了を宣告してはならない。3塁走者または打者走者があえて進塁しようとしない場合は球審がアウトを宣告して、場合によっては試合を続行する。ただし、観衆がなだれ込んで進塁が不可能になった場合は、観衆の走塁妨害として得点や進塁を認める。

公認野球規則： 5.09(c)　8.02(b)(c)　「定義2」

アピールプレイ

権利の消滅の時機に注意

審判の裁定に対するアピールができるのは監督だけ。選手やコーチは抗議できず、監督と当該審判員が1対1で議論するのが原則

アピール権は、投手が次の一球を投じるか野手が次のプレイを企てたら消滅する

　ルールの言葉としての「アピール」には、2種類あります。ひとつは、審判員の裁定が規則の適用を誤ってくだされた可能性がある場合に、監督がその裁定の訂正を求める行為です（p221参照）。もうひとつは、塁の空過やリタッチのミスなど、攻撃側の過失を守備側が指摘して、アウトを求める行為です。

　アピールできる権利には時効があります。イニングの途中であれば、そのプレイの次に投手が一球を投じたり、別のプレイを行ったりすればアピール権は消滅します。イニング終了時は、投手と内野手がフェア地域を去るまでにアピールしないといけません。

走塁ミスはすぐアピール

走塁ミスを見つけたら、次のプレイが始まる前にアピールしないとアピール権を失ってしまう

アピール権の消滅

❶アピールは、投手の次の投球、または、プレイやプレイの企ての前に行う。

❷イニングが終わったときは、投手および内野手がフェア地域を離れるまでに行う。

❸投球カウントの誤りの訂正は、投手が次の打者へ1球を投じるまでか、イニング終了時は内野手がフェア地域を離れるまでなら可能。

※日本のアマチュア野球に限り、試合終了時は両チームが本塁に整列したときにアピール権が消滅する

プレイまたはプレイの企て

❶投手がアピールのために塁に送球するときは、走者がいなくてもボークにならないし、送球のために投手板を外す必要もない。ただし、他の何らかの理由でボークを犯してしまえばアピール権は消滅する。

❷アピールはプレイとはみなされない。アピールを連続して行うことも可能。

❸アピールのための送球が悪送球となり、走者をアウトにしようとそのままプレイを続けたらアピール権は消滅する。プレイを続けないでボールを戻し、再度アピールすることは認められる。悪送球がボールデッドの個所に入ったらアピール権は消滅するので、いずれの塁・いずれの走者に対するアピールも認められなくなる。

❹プレイまたはプレイの企てとは、実際にボールを持って走者をアウトにしようとする行為であり、投げるまねだけして投げなかったような行為はプレイの企てではない。

第3アウトの置き換え

　第3アウトが成立した後、他にアピールがあり、審判員がアピールを支持すれば、そのアピールアウトがそのイニングの第3アウトとなる。第3アウトがアピールによって成立した後でも、ほかに有利なアピールアウトがあれば、さらに置き換えることもできる。

59

公認野球規則：5.01(a)(b)　5.12

ボールインプレイとボールデッド

試合を再開できるのは球審の「プレイ」だけ

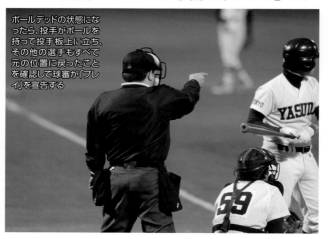

ボールデッドの状態になったら、投手がボールを持って投手板上に立ち、その他の選手もすべて元の位置に戻ったことを確認して球審が「プレイ」を宣告する

審判員が「タイム」を宣告するまで
ボールインプレイの状態が続く

　各イニングのはじめに、球審が「プレイ」を宣告すればボールインプレイとなります。そして、規定によってボールデッドになるか、審判員が「タイム」を宣告するまでボールインプレイの状態が続きます。そして、試合を再開できるのは球審の「プレイ」だけです。これを繰り返して試合が進行していきます。

　ボールデッドになると、ボールインプレイ中に安全進塁権を得ていた場合以外は、進塁も帰塁も得点もできず、逆にアウトになることもありません。

規定によってボールデッドになる場合

①死球の場合
②球審が捕手の送球を妨害した場合
③ボークの場合
④反則打球の場合
⑤ファウルボールが捕球されなかった場合
⑥内野手が守備する前の打球に走者や審判員が触れた場合
⑦投球が捕手や球審のマスクや用具に挟まった場合
⑧投球が得点しようとしている走者に触れた場合
⑨投球、打球、送球がボールデッドの区域に出た場合

ファウルの後は塁に戻る

　ファウルボールが捕球されなかった場合は、各走者は元の塁に戻らなければならない（この際は正しく逆走せず、直接戻ってもよい）。球審は、各走者が元の塁にリタッチするまで「プレイ」をかけてはいけないことになっているが、それほど厳密なものではない。

審判の「タイム」のゼスチュア。
プレイを止める"待て"の動作

公認野球規則3.01［原注］

【原注】ボールが試合中に部分的にはがれても、そのプレイが完了するまでボールインプレイの状態が続く。

公認野球規則：5.10

プレーヤーの交代

交代したら打順を引き継ぐ

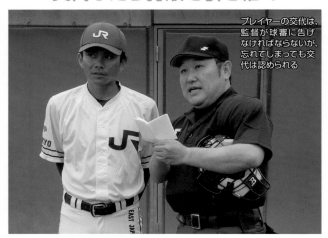

プレイヤーの交代は、監督が球審に告げなければならないが、忘れてしまっても交代は認められる

2人以上同時に交代したら
監督が打順を指定する

　野球のルールが作られた当初は、選手交代という考え方はありませんでした。その後、制限付きで控え選手との交代が認められるようになり、現在では試合中ボールデッドのときならいつでも許されるようになっています。代わって出場したプレイヤーは、退いたプレイヤーの打撃順を引き継いで打つことになります。

　交代は監督が球審に通告し、どの打順に入るかを伝えます。代打や代走ではなく、守備で2人以上同時に交代するときは、誰がどの打順に入るかを監督が示さなければなりません。監督がこの通告を怠った場合は、球審が指定する権限を持ちます。

コーティシーランナーの禁止

　選手交代に制約のあった初期のルールでは、怪我の治療など短時間の離脱のために、相手の好意で打撃順の中から適宜に代走を務めることが認められていた。選手交代が自由になってコーティシーランナーは禁止されたが、日本のアマチュア野球では「臨時代走」等の名称で認めていることがある。

交代発表

　監督から交代通告を受けた球審は、それを自分で発表するか、発表させる義務がある。しかし、交代の発表がなくても、①投手が投手板上に位置したとき　②打者が打者席に立ったとき　③野手が守備位置についてプレイが始まったとき　④走者が塁に立ったときから正規に交代したとみなす。

試合から退いたプレーヤーの再出場

　いったん試合から退いたプレーヤーは再出場できない。ベンチに残ったり、ウォームアップの相手をしたりすることはできる。プロ野球では、監督兼選手であれば交代後もコーチスボックスに出て指揮を続けることができる。

　規則に違反して再出場しようとしていることに誰かが気付けば、ただちに試合から除かれ、プレイ開始前なら本来の交代選手が出場する。しかし、不正に再出場してプレイが開始されてしまえば、本来の交代選手も退いたことになるので、不正が指摘されればさらに新たなプレーヤーが出場しなければならない。

ダブルスイッチの制限

　投手交代と同時に野手も交代させて打撃順を入れ替える交代を「ダブルスイッチ」という。監督は、ダブルスイッチをする場合はファウルラインを越える前に、球審に通告しなければならない。監督またはコーチがファウルラインを越えたらダブルスイッチはできない（ダブルスイッチでない単純な交代は可能）。

投手の交代には制限がある

　同一イニングでは、投手が一度ある守備位置についたら、再び投手となる以外他の守備位置に移ることはできないし、投手に戻ってから投手以外の守備位置に移ることもできない（規則5.10(d)[原注]）。

○ **ピッチャー** ▶ **ライト** ▶ **ピッチャー**
× **ピッチャー** ▶ **ライト** ▶ **センター**
× **ピッチャー** ▶ **ライト** ▶ **ピッチャー** ▶ **ライト**
※イニングをまたげばこの限りではない
※アマチュア野球では、この規則を適用しない団体も多い

指名打者

投手の代わりに打たせる打者

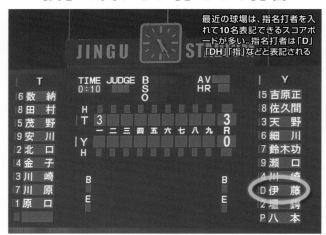

最近の球場は、指名打者を入れて10名表記できるスコアボードが多い。指名打者は「D」「DH」「指」などと表記される

打撃力重視のため1973年に導入されたルール
2022年からはMLBで全面採用プラス「大谷ルール」新設

　指名打者は、投手の代わりに打撃を担当する選手です。指名打者を使う場合は、投手は打撃順に入らず、その代わりに指名打者が打撃順に入ることになります。英語のDesignated Hitterを略してDHとも呼びます。

　もともとはMLBのアメリカン・リーグが人気向上を狙って1973年に導入し、翌年には日本のパシフィック・リーグでも採用されました。その後、次第にアマチュア野球でも一般的になり、多くの団体で採用されています。MLBではナショナル・リーグも2022年に導入して、両リーグが足並みを揃えました。

指名打者は試合前に指定する

　指名打者制度が認められている場合、試合前に指名打者を打順表に明記しなければならない。試合前に指定しなかったのに、試合が始まってから指名打者を使うことはできない。

指名打者の打順と交代

　指名打者の打順はメンバー表に記載された番に固定される。選手交代によって指名打者の打順を変えることはできない。

　指名打者に代打や代走を起用することはできる。この場合はその代打者や代走者が指名打者となる。ただし、先発の指名打者は、相手投手が交代しない限り、その投手に少なくとも一度は打撃を完了しなければならない。

「大谷ルール」の新設

　MLBでは2022年から（日本では2023年から）、「投手の代わりに違う選手が打撃を担当する」という原則を変更し、同一選手が投手と指名打者の両方に指定されることが可能になった（規則5.11(b)改正）。ただし、この規則の適用は先発出場する場合に限られ、試合途中で出場する場合は適用できない。この規則で投手兼指名打者として出場した場合は、投手を降板しても指名打者として出場を続けたり、指名打者としては代打や代走を送られても投手としての登板を続けたりすることができる。ただし、投手を降板した場合は再び投手に戻ることはできない。また、投手から他の守備位置に移った場合は、指名打者の役割は消滅する。

指名打者の消滅

　次の場合、指名打者は消滅する。
❶指名打者が守備につく ❷登板中の投手が他の守備位置につく ❸登板中の投手が指名打者の代打者や代走者がそのまま投手となる ❹登板中の投手が指名打者の代打者や代走者となる ❺守っている野手の誰かが投手になる ❻登板中または新しく出場する投手を打順表に入れる

上記❶～❻の際は、以下のように打順を決定する。同時に2人以上交代して、必要があるときは監督が打順を決定する。

(a)指名打者が守備につく場合は、指名打者だった選手の打順は変わらず、これに関連する交代によって空いた打順に投手が入る

(b)登板中の投手が他の守備位置につく場合は、投手だった選手と新しい投手が、それぞれ空いた打順に入る

(c)代打者や代走者がそのまま投手となる場合は、その打順に入る

(d)登板中の投手が指名打者の代打者や代走者となる場合は、指名打者の打順に入る

(e)守っている野手の誰かが投手になる場合は、野手として試合に残る元の投手か、新しく出場する野手が、もとの指名打者の打順に入る。ただし、元の指名打者を守備につける場合は、野手として試合に残る元の投手か、新しく出場する野手が、それに関連して空いた打順に入る

(f)(a)～(e)以外の交代では、登板中または新しく出場する投手をどの打順にでも入れる事ができる。投手を指名打者以外の打順に入れるときは、新しく出場する選手が指名打者の打順に入ることになる

公認野球規則：5.10(k)

ベンチ入りメンバー

選手18人～25人程度が普通

監督、コーチ、選手以外の
人はユニフォームを着用し
ないのが一般的

監督、コーチ、選手は統一された
ユニフォームを着用してベンチに入る

　試合を行う人数が9人対9人であることと、チームは監督に率いら
れなければならないこと以外、規則ではチームの人数に制限を設け
ていません。ですから、ベンチ入りメンバーの構成や人数は、各団
体の取り決めに従うことになります。

　日本のプロ野球では、監督1名、コーチ8名、選手25名が原則で、
これ以外にマネジャーやトレーナー、通訳などが認められている
ので40名前後になります。アマチュア野球では監督と数名のコー
チに、選手が18名～25名くらいが普通です。また、監督、コーチ、
選手以外の人はユニフォームを着用できないのが一般的です。

ベンチに入る義務

　両チームの選手（控え選手含む）は、実際に競技にたずさわっているか、競技に出る準備をしているか、ベースコーチに出ているときを除いて、そのチームのベンチに入っていなければならない。また、試合中は、ベンチに入ることを許された者以外は、いかなる人もベンチに入ることは許されない。

　審判員が規則違反を見つけたときは警告を発し、改善されないときはその反則者を退場させることができる。

次打者席

次打者席（ネクストバッタース・ボックス）には、次打者またはその代打者しか入ってはいけない

セ・リーグアグリーメント
第24条（ベンチに入ることのできる人員）

(1)試合中（打順表の交換後から試合終了まで）ベンチに入ることのできる人員は最大42名までとし、連盟に登録済みの者に限る。
　　監督…1名　コーチ…8名　選手…25名
　　スコアラー…1名　マネジャー…1名
　　通訳…1外国人につき1名を原則とし、最大4名まで。ただし、1言語につき2名以内。
　　トレーナー…1名　広報担当者…1名
(2)前項(1)のうちスコアラー、マネジャー、通訳は球団のユニフォームを着用してはならない。
(3)監督、コーチを兼ねる選手がおのおのの資格をもってベンチに入るときは監督、コーチ、選手の各制限数にふくまれる。したがって、監督、コーチを兼ねる選手が監督、コーチの資格だけでベンチに入るときは、選手の制限数から除かれて監督、コーチの数に入る。
　　（以下略）

公認野球規則：4.07(a)　6.01(b)(d)

競技場内に入れる人

プレイを妨害しないよう注意が必要

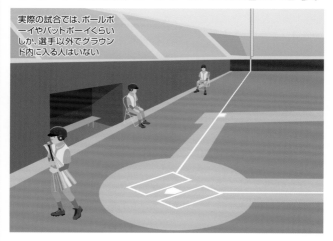

実際の試合では、ボールボーイやバットボーイくらいしか、選手以外でグラウンド内に入る人はいない

ホームチームが認めたスタッフだけが
競技場内に入ることができる

　規則では、ユニフォームを着たプレーヤーおよび監督、コーチのほかには、審判員と、ホームチームが認めた報道写真班、制服を着た警官、ホームチームの警備員、その他の従業員（バットボーイやボールボーイなど）以外は競技場内に入れないとしています。また、競技にたずさわっていないプレーヤー、監督、コーチ、トレーナーおよび試合中にベンチやブルペンに入ることを許されたクラブ関係者（通訳など）は不必要に競技場に出てはならないともされています。

　なお、アマチュア野球では控え選手がボールボーイやバットボーイを務めることがあるので、妨害について特別な規定があります。

競技場入り公認者による妨害

　競技場に入ることを公認された人が競技を妨害したとき、その妨害が故意でなければボールインプレイである。しかし、故意の妨害のときには妨害と同時にボールデッドとなり、審判員はもし妨害がなかったら競技がどのような状態になったかを判断してボールデッド後の処置をとる。

故意か故意でないか

　たとえば、球場に入ることを公認された人が、打球または送球に触れないように避けようとしたが避けきれずに触れてしまったような場合は、故意の妨害とはしない。しかし、本人の意思とは関係なく、現実にボールを拾い上げたり、捕ったり、押し戻したり、蹴ったりした場合は、故意の妨害とみなされる。

バットボーイを控え選手が務めていた場合

　アマチュア野球では、バットボーイを攻撃側の控え選手が務めることが多い。このようなバットボーイが競技を妨害した場合は、次のように考える。

バットボーイがダイヤモンドの中に入ってバットを拾おうとして、守備を妨害した

↓

入ってはいけないところに入ったので、「競技場入り公認者の妨害」ではなく、「攻撃側メンバーの"故意の"妨害」とみなす

↓

打球を処理しようとしている野手の守備を妨害 ボールデッドとなる	送球を処理しようとしている野手の守備を妨害 ボールデッドとなる
打者アウト 全走者は投球当時の塁に戻る	プレイの対象だった走者アウト 全走者は投球当時の塁に戻る

ベンチ前でのキャッチボールの禁止

　p67にある通り、選手は試合中には原則としてベンチに入っていなければならないが、わが国では長年の慣例として2アウト後に投手や交代出場予定の野手がベンチ前でキャッチボールをすることが認められてきた。しかし、2018年から各団体で規則を厳格に適用する動きが始まっている。とにかくプレイ中の選手以外は試合中みだりにグラウンド内に入らないことが大切である。

タイムの時機と権利

試合中ならいつでもタイムを要求はできる

選手がタイムを要求しても、審判員が認めなければタイムは宣告されないし、ボールデッドにもならない

タイムは審判員が宣告してから有効
トラブルにならないよう注意

　プレイヤー・監督・コーチは、試合中いつでもタイムを要求することができます。ただし、タイムを宣告して試合を止めることができるのは審判員だけです。審判員が実際に声と動作でタイムを宣告したときに、プレイは止まります。たとえタイムを要求しても、審判員が認めなければ、ボールインプレイの状態が続きます。特に、ピッチャーが投球動作に入ったら、攻撃側チームのどのような要求があっても、審判員はタイムをかけてはいけません。

　過去には、タイムの要求があったかなかったかでトラブルになった例がたくさんありますので、気をつけましょう。

野球
規則

公認野球規則 5.12(b)(4)

【注】監督は、プレイが行われていないときに、"タイム"を要求しなければならない。投手が投球動作に入ったときとか、走者が走っている場合などのように、プレイが始まろうとしているとき、またはプレイが行われているときには、"タイム"を要求してはならない。

　もし、このような要求があっても、審判員は"タイム"を宣告してはならない。なお"タイム"が発効するのは、"タイム"が要求されたときではなく、審判員が"タイム"を宣告した瞬間からである。

ボール交換のトラブル

　インプレイ中に、守備側の選手がボールの交換を要求するとき、審判員がタイムをかけた後で、元のボールをベンチやボールボーイに向かって投げる場合がある。

　このとき、審判員がまだタイムをかけていないのに勝手にボールを投げてしまい、トラブルになることがある。審判員がタイムを宣告していないのにボールをファウル地域の方に投げてもボールインプレイなのでプレイは続くし、もしボールデッド地域に出てしまったら塁上の走者に2個の進塁が与えられてしまうので、注意が必要。

　審判員も、このようなときはトラブルを未然に防げるよう、気を配ることが大切。

プレイが一段落したら、ボール交換や、間をとるためにタイムをかけることがよくある

公認野球規則：5.12(b)(2)(3)(8)

突発事故が起こったとき

照明が故障したらプレイは無効になる

プレイが進行しているときは
タイムをかけられないのが
原則だが、人命にかかわるよ
うなときは例外

突発事故の際には
柔軟な対応が認められている

　野球の試合では、できるだけボールインプレイの状態を長く続け、スピーディーな試合運びを心がけなければなりませんが、突発的な事故が起きた場合は、そうも言っていられません。

　プレイの進行中にはタイムをかけてはならないという原則もあるのですが、ナイトゲームでライトが急に故障したり、プレイヤーや審判員が突然倒れてしまったような場合は、審判員がタイムをかけることが義務付けられています。ただし、いくつかの条件が定められているので、確認しておきましょう。

ライトが故障した場合

❶プレイの進行中にライトが故障して、プレイを見るのが困難だと審判員が判断したとき、その瞬間完了されていないプレイは無効となる。併殺や三重殺の途中であっても、最初のアウトからすべて無効となる。

❷打者や走者が安全進塁権を得ていて、走者の進塁が完了していないときに限って、その進塁が認められる。

❸ライトの故障が一部のときは、ただちにタイムとするかどうかは審判員の判断による。

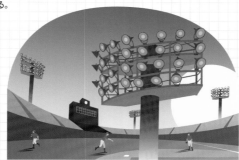

選手が倒れた場合

❶ひとりの野手がプレイできない状態になっても、守備側には他に代わりになる選手がたくさんいるので、それだけではタイムをかけないのが通例。

❷ただし、人命にかかわるような事態と審判員が判断すれば、プレイの進行中でもタイムをかけてよい。その場合は、それによってボールデッドにならなかったらプレイがどのようになっていたかを判断して処置をとる。（規則細則「審判員のとるべき措置8」"タイム宣告の特例"）

❸場外本塁打や死球のように、安全進塁権を得ている状態の走者がプレイできなくなった場合は、控え選手がその場から代走することができる。

正式試合

9回終了で得点の多いほうが勝ち

	IME	JUDGE	B					AV	
:16			S					HR	
			O						

H											
T	2	0	0	4	0	0	0	0	0	6
	一	二	三	四	五	六	七	八	九	R
Y	3	0	0	0	0	0	2	0	0	5
H										

9イニングの表裏を完了
して、得点が多い方に勝
ちを与えるのが正式試
合の原則

B

例外として9回でない場合もある
コールドゲームは5回以降なら成立

　正式試合は、通常9イニングから成りますが、例外として、後攻
チームがリードしていて9回裏を行わなかったり、9回裏の途中でサ
ヨナラゲームになったり、何らかの理由によってコールドゲームと
して途中で打ち切られたり、逆に延長戦になって10回以上行われた
りということもあります。

　正式試合が終了したときに得点の多いほうが勝ちとなりますが、
コールドゲームが宣告されて成立する基準は5回完了が原則です。
ホームチームがリードしているかどうかによって多少基準が変わる
ので、詳しくは次ページからの説明を参照してください。

正式試合が9イニング完了ではない例

❶9イニング終了時に同点のため試合が延長された場合（OBRでは10回から無死走者二塁・打者継続でのタイブレーク制を規定。日本では所属団体や大会の規定に従う）

❷ホームチームが9回裏の攻撃の全部または一部を必要としない場合（いわゆる「xゲーム」や「サヨナラゲーム」）

❸球審が試合途中でコールドゲームを宣告した場合

❹〔マイナーリーグの特例〕ダブルヘッダーの1試合または2試合両方を7イニングに短縮した場合

コールドゲームとノーゲーム

　両チームの得点に関係なく5回の表裏を完了した後に打ち切られるか、5回表完了時点でホームチームがリードしているときに打ち切られるか（5回裏の途中での打ち切りを含む）、あるいは5回裏の攻撃中に同点となって打ち切られた場合は、「コールドゲーム」として正式試合となる。

　これに対し、正式試合となる前に打ち切られた場合は、原則として「ノーゲーム」となり、試合不成立となる。

　ただし、正式試合が同点で終了するか、試合成立前の打ち切り試合であっても、定められた条件を満たしているときは「サスペンデッドゲーム」となって後日に継続される（p78〜79参照）。また、日本のアマチュア野球では正式試合となる条件を5回以外にしている場合がある。

ゲーム！
（試合終了！）

雨天等で試合を中断した場合は、少なくとも30分を経過するまでは打ち切りを命じてはならない。球審が、プレイ再開の可能性があると確信すれば、一時停止の状態を何度繰り返しても構わない

ケーススタディ！

V＝ビジティングチーム（先攻）
H＝ホームチーム（後攻）

1

	1	2	3	4	5	6	7	8	9	計
V	0	0	0	1	0	0	0	0	1	2
H	0	0	1	0	0	3	0	0	x	4

ホームチームが9回裏の攻撃を必要としなかったので行わず試合終了
⇒正式試合

2

	1	2	3	4	5	6	7	8	9	計
V	0	0	0	1	0	0	0	0	1	2
H	0	0	0	0	0	0	0	0	3x	3

ホームチームが9回裏の攻撃中に勝ち越して、それ以上攻撃を必要としなくなったので試合終了（サヨナラゲーム）⇒正式試合

3

	1	2	3	4	5	6	7	8	9	10	11	12	計
V	0	0	0	1	0	0	0	1	0	0	1		3
H	1	0	0	0	0	0	1	0	0	0	0		2

延長回の表裏を終わって、ビジティングチームの得点がホームチームより多く、試合終了⇒正式試合

4

	1	2	3	4	5	6	7	8	9	10	11	12	計
V	0	0	0	1	0	0	0	0	1	0	0		2
H	1	0	0	0	0	0	1	0	0	0	1x		3

延長回の裏の攻撃中にホームチームが決勝点を記録して試合終了
⇒正式試合

5

	1	2	3	4	5	6	7	8	9	計
V	0	0	0	0	0	0	0			0
H	1	0	0	0	0	0	1	0x		2

7回裏の攻撃中に雨が激しくなって試合が続けられず、コールドゲームが宣告されて試合終了⇒正式試合としてホームチームが2-0で勝ち

6

	1	2	3	4	5	6	7	8	9	計
V	0	0	0	0	0					0
H	0	0	1	0	0x					1

5回裏の攻撃中に雨が激しくなって試合が続けられず、コールドゲームが宣告されて試合終了⇒正式試合としてホームチームが1-0で勝ち

7

	1	2	3	4	5	6	7	8	9	計
V	1	0	0	0	1					2
H	1	0	0	0	1					2

5回裏の攻撃中に雨が激しくなって試合が続けられず、コールドゲームが宣告されて試合終了⇒正式試合だが、同点なのでサスペンデッドゲームになる（日本では所属団体の規定に従う）

8

	1	2	3	4	5	6	7	8	9	計
V	0	0	0	0						0
H	0	0	0	1						1

4回終了時に雨が激しくなって試合が続けられず試合終了
⇒サスペンデッドゲーム（2022年まではノーゲームだったが、正式試合成立以前に天候が理由で中止になった場合はサスペンデッドにすると変更された。ただし各団体の規定がある場合はそれに従う）

9

	1	2	3	4	5	6	7	8	9	計
V	1	0	0	0	0	2				3
H	1	0	0	2						3

5回終了時にホームチームがリードしていたが、6回表にビジターが同点に追い付く。しかし、6回裏が始まる前に雨が激しくなり試合終了⇒規則ではサスペンデッドゲームに該当するが、日本では最終均等回（5回）で試合成立として3-1でホームチームの勝利

最終均等回のルール

　正式試合が同点で終了したら規則ではサスペンデッドゲームとするが、日本では以下の場合は最終均等回に戻って勝敗を決める。
❶ビジティングチームがその回の表で同点に追いついたが、ホームチームがその回の裏に得点するまでに試合が続けられなくなった場合
❷ビジティングチームがその回の表で逆転したが、ホームチームがその回の裏に同点に追い付く、または逆転する前に試合が続けられなくなった場合

公認野球規則：7.02

サスペンデッドゲーム
日を改めてでも決着をつける

日本ではあまり採用されていなかったが、近年では各団体ごとに「継続試合」などの名称で規定を設けて運用する例が増えている

正式試合が同点で終わってしまったら
続きを後日行うルール

　正式試合が、両チームの得点が等しいまま終了した場合は、サスペンデッドゲームとして、後日これを完了するために続行試合が行われます。本来の野球のルールでは、試合は決着がつくまでやるという考え方があるので、アメリカのプロ野球では時間が許す限り延長戦を行いますし、それでもダメなら後日やろうという発想です。

　ただし、日本では球場の使用制限の問題やトーナメント戦の多い事情の中で、引き分けや再試合等での対応が多かったものの、全日本軟式野球連盟には古くから「特別継続試合」の規定があり、日本高等学校野球連盟も2022年から「継続試合」という規定を設けています。

サスペンデッドゲームになる条件

❶法律による娯楽制限
❷リーグ規約による時間制限
❸照明の故障や競技場の機械的な故障
❹法律によって照明の使用が許可されていない場合
❺天候のために正式試合となる前に打ち切られた場合と、同じく天候のために正式試合となった後で打ち切られたが、打ち切られた回の表にビジティングチームがリードを奪い、ホームチームがリードを奪い返せない状態で中断した場合
❻正式試合が成立した後に同点で打ち切られた場合

❸と❹と❺は正式試合になっていなくてもサスペンデッドゲームにできるが、❶と❷と❻は正式試合になっていなければスペンデッドゲームにできない。以前は正式試合になる前に天候状態で打ち切られた場合はノーゲームとしていたが、2023年の改正でサスペンデッドゲームにすることに変更された。

試合再開時の注意

●続行試合は元の試合の停止された個所から再開する。
●出場者や打撃順は停止されたときと全く同一にする。
●停止試合に出場して、すでに交代した選手は、続行試合に出場できない。
●停止試合に出場しなかった選手は、続行試合に代わって出場することができる。
●元の試合に出場しておらず、当日登録されていなかったメンバーでも、続行試合再開時に登録されていれば出場できる。すでに退いた出場メンバーが続行試合の日に登録を抹消されていて、その代わりに登録されていたとしても出場可能。
●交代して出場すると発表されたピッチャーが、まだ最初の打者に投球する義務を果たしていなくても、続行試合の先発投手として出場してもしなくてもよい。ただし、出場しないときは交代したとみなされて、それ以降続行試合に出場することはできない。

公認野球規則：4.07(b)　4.08(g)　7.03　8.03

フォーフィッテッドゲーム

特定の規則違反があると9-0で負けになる

没収試合

どちらかのチームに過失があり、試合の続行ができなくなった場合は「没収試合」として、違反のないチームに9-0で勝ちを与える

没収試合のときは
9-0で違反チームが負けになる

　フォーフィッテッドゲーム（没収試合）は、規則違反のために、球審が試合終了を宣告して、9対0で過失のないチームに勝ちを与える試合のことです。試合が没収される規則違反の例については、右ページを参照してください。

　没収試合は規則で規定されてはいますが、審判員が協議の末にとる最後の手段であって、料金を払って試合を見に来ているファンを失望させることは極力避けなければならないと規則に明記されています。近年、日本のアマチュア野球で登録外選手が誤って出場した場合に没収試合が適用されていますが、これも極力避けるべきです。

没収試合の例

❶片方のチームが試合の続行を拒否して、規則に定められた時間を過ぎた場合

❷試合を長引かせたり、短くするために明らかに策を用いた場合

❸審判員が警告しても、故意に、また執拗に規則違反を繰り返した場合

❹選手が9人そろわなくなった場合

→守備側の場合は、グラウンドに9人立てなくなった時点で適用。攻撃側の場合は、打順が回ってきたときに出場できなくなったら適用。

❺グラウンドに侵入してプレイを妨害する人をホームチームが排除できない場合（ビジティングチームはプレイを拒否できる）

❻グラウンドキーパーが球審が命じた試合再開に必要な準備を行わず、試合に支障が出た場合

※プロ野球では、ホームチームは、グラウンドキーパーの用意や、秩序を維持するのに必要な警察の保護を要請する準備などをする義務がある（アマチュア野球ではホームチームではなく大会主催者や連盟などが責任を持つ）

※アマチュア野球では❻は適用しない

没収試合の実例

●**日本のプロ野球**

これまで10試合の例がある。最後の没収試合は1971年7月13日に西宮球場で行われた阪急対ロッテ戦。審判の判定を不服としたロッテが試合続行を拒否した。

●**メジャーリーグ**

19世紀にリーグが創設された当初は多かったが、近代野球の確立とともに減少。最後の没収試合は1995年8月10日のドジャース対カージナルス戦。審判の判定に不満を持ったファンの多数が、入場者全員にプレゼントされていた記念ボールをグラウンド内に投げ入れ、ホームチームのドジャースが事態の収拾を拒否したため没収試合となった。野茂英雄投手が先発していたことで有名。

●**アマチュア野球**

日本のアマチュア野球では、出場した選手が登録の不備等で違反となって没収試合になったり、選手が熱中症で次々に倒れて人数不足になったりする例が多い。

アマチュア野球規則委員会では、単純ミスによる没収試合を避けるため、大会主催者と審判員が選手登録原簿と当日のメンバー表の照合を試合前に実施することや、メンバー表は必要な部数を作成すること、試合中に選手の交代があれば球審は必ずメンバー表のチェックを行うことなどを徹底するよう呼びかけている。

公認野球規則：「定義25,26,32,33」

フェアとファウル

判断基準はファウルラインとベース

ボールはラインに触れていないが、ボールがラインの上方空間でフェア地域に入っているため、フェアである

ファウルラインと、1塁・3塁のベースを基準として考える

　バッターが打った打球を、フェアかファウルか判断する基準は2つあります。ひとつはファウルライン、もうひとつは1塁ベースと3塁ベースです。

　打球が、本塁・1塁間と本塁・3塁間のフェア地域（いわゆるダイヤモンド）内にとどまればフェアです。また、ゴロで1塁ベースまたは3塁ベースのフェア地域側を越えて行けばフェアです。さらに、インフライトの状態で1塁・2塁および2塁・3塁の線上か、それより外野側のフェア地域に最初に着地した場合もフェアです。基本的に、それぞれの逆がファウルということになります。

基準点は1塁・3塁の「ベース」

　　フェア・ファウルの基準点となるのは、1塁・3塁のベースそのものである。ゴロでベースを切って行く打球が、ベースの手前で切れて行けばファウルだが、ベース上や、ベースを巻く

バウンドした打球のフェア・ファウル
（2013年改正）

1塁ベース　○ ‥‥‥‥ フェア
　　　　　　○ ‥‥‥‥ 2012年までファウル
　　　　　　○ ‥‥‥‥ 2013年からフェア
　　　　　　　 ‥‥‥‥ ファウル

ように通過すればフェアになる。したがって、1塁・2塁・3塁のベースに打球が当たった場合も、フェア確定となる。

ファウルラインは「壁」と考える

　ファウルラインを境に、フェア地域とファウル地域が目に見えない壁で仕切られていると考える。フェア・ファウルが確定するときにボールがラインに触れればもちろんフェアだが、ボール自体がファウルラインに接触していなくても、上部空間でラインにかかっていればフェアと判断する。

野手が触れた地点がポイント

　　野手が打球に触れてフェアまたはファウルが確定するとき、野手の身体の位置は関係ない。判定基準は、あくまでもボールとファウルラインとの位置関係による。たとえば、野手の身体の大部分がフェア地域にあっても、実際に触れた個所がファウル地域ならファウルとなる。

フェアボールの例

● ボールが
地上に触れた地点

● ボールが
静止した地点

⋮ 空間を通過した経路

P プレーヤー

U 審判員

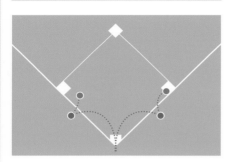

図❶
一度ファウル地域に出ても、再び内野に止まったときはフェアボール

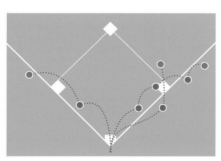

図❷
バウンドしながら内野から外野へ越えて行くときは、1塁・3塁のベースを越えるときにフェア地域内かその上方空間にあれば、その後ファウル地域に出てもフェアボール

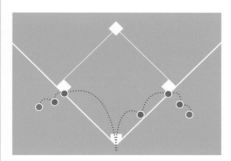

図❸
一度塁に触れれば、その後どの方向に転じてもフェアボール

フェアボールの例

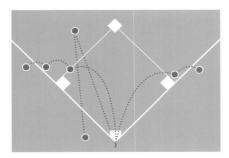

図④
最初落ちた地点が、内野と外野の境にあたる1・2塁間、2・3塁間の線上、または外野のフェア地域であれば、その後内外野を問わずファウル地域に出てもフェアボール

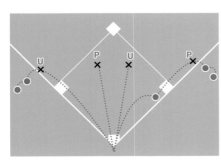

図⑤
フェア地域内またはその上方空間で審判員またはプレイヤーに触れたらすべてフェアボール

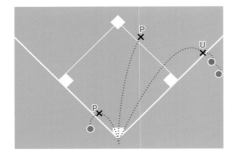

図⑥
ボールが最初野手や審判員に触れた地点がフェア地域内の上方空間であればフェアボール。野手の身体の大部分がファウル地域にあっても関係ない

ファウルボールの例

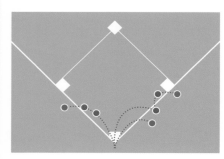

● ボールが
地上に触れた地点

● ボールが
静止した地点

⋮ 空間を通過した経路

P プレイヤー

U 審判員

図❶
打球が最初内野のフェア地域に触れることがあっても、結局本塁・1塁間、本塁・3塁間のファウル地域で止まったらファウルボール

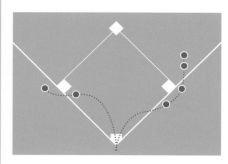

図❷
バウンドしながら内野から外野へ越えて行くときは、1塁・3塁のベースを越えるときにファウル地域内かその上方空間にあれば、ファウルボール

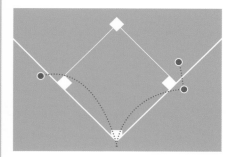

図❸
最初落ちた地点が外野のファウル地域であれば、その後フェア地域に転じてもファウルボール

ファウルボールの例

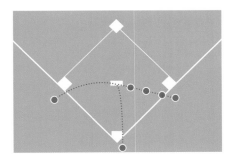

図❹
ボールが野手に触れることなく投手板に当たり、リバウンドして1塁・本塁間または3塁・本塁間のファウル地域に出て止まったらファウルボール

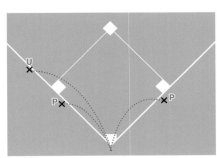

図❺
ボールが最初野手や審判員に触れた位置がファウル地域内の上方空間であればファウルボール。身体の大部分がフェア地域にあっても関係ない

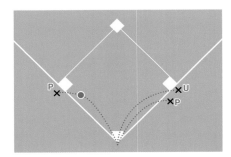

図❻
ファウル地域内またはその上方空間で野手や審判員の身体に触れたときはファウルボール

公認野球規則：「定義15」

捕球の定義

手かグラブでつかむのが原則

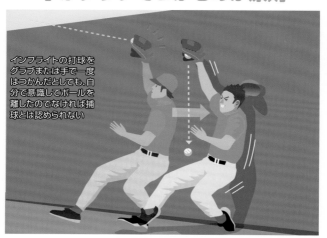

インフライトの打球を
グラブまたは手で一度
はつかんだとしても、自
分で意識してボールを
離したのでなければ捕
球とは認められない

用具で受け止めても「捕球」ではないし
コントロールできずに落としたら「落球」

　「捕球」とは、野手がインフライトの打球、投球または送球を、手またはグラブでしっかりと受け止め、かつそれを確実につかむ行為のことをいいます。用具やユニフォームで受け止めたり、腕や脇で挟んだりしている行為は捕球とはみなされません。ボールの挟まったグラブは受け渡しして、しっかりつかめば捕球とみなします。

　また、ボールに触れた直後や、しっかりとつかんだとは言えないうちに落としてしまった場合も、捕球とは見なしません。連続動作の場合は判断が難しい面もありますが、基本的には、野手が意識してボールから手を離さなければ、捕球とは見なさないのが原則です。

捕球の判断とケース

打球の場合

●インフライト（p90参照）の打球を、地面に触れる前に捕らえれば「捕球」になる

●ジャッグルしたり、他の野手に触れることがあっても、最終的に確実につかめば「捕球」になる

●野手が意識してボールを離す送球動作に移るまで確認しなければいけないので、「捕球」の判定には時間がかかる

●走者がリタッチするときは、野手が最初に飛球に触れた瞬間から塁を離れて差し支えない

送球の場合

●手またはグラブで確実につかんだといえるかどうかがポイント

●ジャッグルしている間は「捕球」ではない。フォースプレイで、ジャッグルしている間に走者が塁に到達したらセーフ

●地面に落ちているボールにグラブをかぶせても「捕球」ではない。地面から持ちあげなければならない

●タッグした衝撃で直後にボールが飛び出してしまったら、確実に保持していたとはいえないので「捕球」しているとはいえず、アウトにはならない

捕手のマスク、プロテクターに触れてから跳ね返った打球を、手またはミットでつかめば捕球と見なされる。プロテクターと身体の間に一度挟まった飛球を、一連の動作で素早く取り出して手につかんでも捕球にはならない。ボールがグラブに挟まって取れなくなっても、グラブごと受け渡せば、規則通りボールを保持したものとみなす（野球審判員マニュアルp22）。

89

公認野球規則：5.06(b)(4)(A)「定義41」

インフライト

"IN FLIGHT" ＝「空中にある」

一度野手が触れたフライを、地面につく前に他の野手が捕らえればインフライトの状態が続いているので「捕球」となる

地面か野手以外のものに
触れていない状態

「インフライト」の状態とは、打球、送球、投球が、地面か野手以外のものに触れていないことをいいます。日本語でよく言われる言い方では「ノーバウンドで」ということです。

インフライトかインフライトでないかは、判定の上で区別されることが多く、重要です。特に大切なのは打球がインフライトかどうかで、地面、攻撃側選手、審判員、フェンス、用具など、守備している選手以外のものに触れたらインフライトでなくなります。野手が最初に飛球に触れた後、ジャッグルしても、ほかの野手がカバーしても、とにかく地面その他に触れる前につかめばOKです。

塁審に打球が当たったらインフライトではなくなる

インフライトの打球が、地面か、野手以外のもの（攻撃側選手、審判員、用具、フェンス等）に触れたらインフライトでなくなる。つまり、野手以外のものに触れた瞬間、地面に触れてバウンドしたのと同じ扱いになる。ただし、空を飛んでいる鳥に触れたときはインフライトの状態が続く（地上の動物に触れたらインフライトでなくなる）。

野手だけは、地面に触れる前に何度触れてもインフライトの状態が続く。ジャッグルしたり、複数人の野手が触ってから捕球しても、地面に落とさなければよい。

フェアのライナーに審判員が当たってしまった場合、打球がインフライトでなくなる＝地面でバウンドしたのと同じなので、フェア確定となる。もしファウル地域で当たったらファウル確定。審判員は石ころと同じと言われるケース

公認野球規則： 5.08　5.09(b)(6)　「定義30」

フォースの状態とフォースプレイ

打者走者に塁上の走者が押し出される

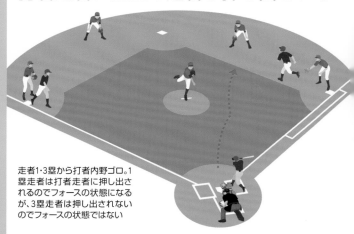

走者1・3塁から打者内野ゴロ。1塁走者は打者走者に押し出されるのでフォースの状態になるが、3塁走者は押し出されないのでフォースの状態ではない

フォースアウトにするときは
行き先の塁に触れるだけでOK

　打者が走者になったことによって、塁上の走者が押し出される状態になることがあります。このような状態を「フォースの状態」といい、そのようにして押し出される走者をアウトにするためには、通常のように塁を離れた状態で身体に触球するだけでなく、その走者が進むべき塁に触球するだけでいいことになっています。これを「フォースプレイ」といいます。

　打者が打撃の結果等によって打者走者になった瞬間に、塁を明け渡さなくてはならなくなった走者は、元の塁の占有権を失いますから、元の塁に触れていても安全ではないわけです。

CHECK! ケーススタディ!

❶走者1塁・2塁から打者内野ゴロ。走者はどちらもフォースの状態に置かれる。

❷走者1塁・3塁から打者内野ゴロ。1塁走者は押し出されてフォースの状態に置かれるが、3塁走者は関係ない。

❸いったんフォースの状態に置かれても、後位の走者が先にアウトになれば、押し出される進塁の義務がなくなるので、フォースは解除される。

(例)**走者1塁から打者内野ゴロ。打者走者が先にアウトになれば、1塁走者はフォースでなくなるので、2塁ベースに触球するだけではアウトにできず、走者の身体に触球する必要がある。**

触球(タッグ)の仕方

❶タッグプレイ

ボールを走者の身体に触れさせるか、ボールを保持しているグラブを走者の身体に触れさせなければダメ。ボールを持っていないグラブでタッグしてもアウトにはならない。

❷フォースプレイ

走者にタッグするときは上記の通りだが、塁に触球するときは異なる。フォースプレイで塁に触球するときは、ボールを手またはグラブで確実につかんで、身体のどの部分でも塁に触れればよい。ベースを足で踏むのが普通だが、ボールを持っている手でベースに触れようが、反対側の手で触れようが、おしりで座ろうが、とにかくベースに触れただけでアウトになる。

公認野球規則：「定義73,74」

ストライクゾーンとストライク

本塁上の五角柱をイメージする

ストライクゾーンは、打者が投球を打つときの姿勢で決定される

上限
肩の上部とズボンの上部の中間点

下限
ひざ頭の下部

投球が一部でも通過すればストライク
判定は球審に委ねられている

　ストライクゾーンは、本塁上の空間です。本塁上に、五角柱を想像してください。この空間のどの部分でも、インフライトの投球が一部分でも通過すればストライクが宣告され、通過しなければボールが宣告されます。

　しかし、ストライク、ボールの判定は、野球のレベルによって変わるものです。その試合や、所属組織で皆が認めるゾーンが緩やかに出来上がるのが理想です。その判定は球審に委ねられていますから、プレイヤーは球審の判定に従うことが第一です。そして、審判員も、ゾーンを一定に保つ努力が必要です。

ストライクゾーンとストライク

打者が打たなかったボールの一部または全部が、ストライクゾーンのどの部分でもインフライトで通過したらストライク

見逃し以外のストライク

❶空振り
❷ファウル
　※2ストライク以降はカウントしない
❸バントのファウル
　※2ストライク以降でもカウントするので、2ストライク後のバントがファウルになったら打者三振
❹ファウルチップ

公認野球規則 定義 74

【注】投球を待つ打者が、いつもと異なった打撃姿勢をとってストライクゾーンを小さく見せるためにかがんだりしても、球審は、これを無視してその打者が投球を打つための姿勢に従って、ストライクゾーンを決定する。

新しいルールの作られ方

　野球のルールブックは条文が多く、かなり詳細に取り決められていますが、それでも実際のプレイの中では、これまでのルールでは解決できないようなトラブルが起こることがあります。野球のルールは判例主義で、長い歴史の中で起きた実例を積み重ねて作り続けられています。

　たとえば、規則5.07(a)【原注】の第3段落にある「投手は投球に際して、どちらの足も本塁の方向に2度目のステップを踏むことは許されない。」という文言は、MLBで実際に行われた投法（軸足を一度投手板にセットした後、投球に際して前方に大きく飛び出して軸足をリセットし打者に近づいて投げる）を規制するため、2017年の『Official Baseball Rules』に追加されたものです。

　この改正は翌2018年に『公認野球規則』でも採用されましたが、その際に日本では原文にあった「either foot」（どちらの足も）という表現を外しました。自由な足を2度ステップする投げ方が分からなかったからです。しかし2019年にMLBで一度上げた自由な足を完全に地面におろしてからもう一度上げて投げる投手が現れて問題となった例があり、日本の規則委員会でも映像で確認できたため、2021年の改正で「どちらの足も」という言葉を追加しました。

　このように、ひとつのルールを改正するのに数年の研究が必要になる例は過去にも多くありました。日本で独自に【注】を設けていた内容が米国の改正に盛り込まれた例もあります。これからまた、どんなルールが作られていくのでしょうか。

PART **4**

バッター
の
ルール

公認野球規則：5.04(a)　6.03(b)

打撃の順序と打撃の誤り

正しいタイミングでアピールすればアウトにできる

打者の打順が
間違っている！

打順間違いのルールは複雑怪奇！
正しいルールを覚えておこう

　選手は、試合前に交換された打順表に従って、順番に打席に立たなければなりません。2回以降は、その前の回に正規に打撃を完了した打者の次の打者が第一打者になります。

　打順を間違えてしまった場合の対処は複雑です。守備側が正しいタイミングで指摘すれば、相手の打者をアウトにすることができますが、タイミングが正しくないとアウトにならない場合もあります。また、間違った打者が指摘されないと、その打者は正当化されて試合が続いていくので複雑さが増します。右ページの説明をしっかり読んで、正しい対処を覚えてください。

ケーススタディ！

※このページの説明では以下の通りとする

打順	1	2	3	4	5	6	7	8	9
選手	A	B	C	D	E	F	G	H	I

❶間違った打者の打席中に指摘があった場合

　正しい打者に訂正する

(例) 1番打者Aの打席で誤って2番打者Bが打席に入ったが、打席の途中で守備側からアピールがあった、または攻撃側が気付いて申し出た。

(答) Aがボールカウントを引き継いで打席に入る

❷間違った打者が打撃を完了した後に指摘があった場合

　本来打つはずだった打者がアウトになり、その次の打者に打順が回る

(例) 3番打者Cの打順で誤って4番打者Dが打席に入り、Dはヒットを打った。その後で守備側からアピールがあった。

(答) Dのヒットは取り消し、本来打つはずだったCがアウトになり、Cの次なのでDの打順になる (Dが打ち直すような感じになる)。

※Dがヒットではなくアウトになっていても、そのアウトは取り消しでCがアウトになる

※打撃の結果進んだ走者がいたら、元の塁に戻る

※打席中に盗塁等で進塁していたものは取り消されない

❸間違った打者が打撃を完了した後に指摘がなかった場合

　間違った打者の打順が正当化されて試合続行

(例) 5番打者Eの打順で誤って7番打者Gが打ち、打順誤りの指摘がなかった。

(答) Gが打ったことは正当化され、Gの次なので8番打者のHが正しい打順となる

応用問題

　Aがヒットで出塁、Bの打順に誤ってCが打って内野ゴロ、Aは2塁に進塁、Cはアウト。打順誤りのアピールはなし。Cが正当化されたらDのはずだが、代わりにBが打席に入る。Aはそのとき3塁に盗塁して成功。Bがレフト前ヒットを打ちAが得点。ここで守備側から打順誤りのアピールがあった。

(答) Bのヒットは取り消され、このときの正位打者であるDにアウトが宣告される。Aの盗塁は認められるので、Aは3塁に戻される。次打者はEになって、2アウト3塁で再開

打順間違いのアピールだけ次の回のはじめまで有効

　通常、イニング終了時にアピールする場合は、投手を含む内野手がフェア地域を去るまでにしなければならないが、打順間違いだけは次の回に投手が一球を投じる前までならアピールすることができる。

公認野球規則：5.04(b)

打者の義務

スピーディーな試合進行を心がける

打者は、投手が投球動作を始めたら、打撃姿勢をやめたりバッターボックスの外に出たりしてはいけない

打者が勝手に打撃をやめても
ストライク、ボールが判定される

　打者は、自分の打順がきたら、速やかにバッターボックスに入り打撃姿勢をとらなければなりません。また、投手がセットポジションをとるか、ワインドアップをはじめた場合には、バッターボックスの外に出たり、打撃姿勢をやめたりすることは許されません。

　打者が打者席を勝手に出たり打撃姿勢をやめたりしても、投手が投球すれば球審によってストライク、ボールが判定されます。

　また、いつまでも打撃姿勢をとろうとしない打者には、ペナルティでストライクが宣告されるという厳しいルールもあります。

打者と投手が息を合わせることが大事

　球審は、投手がワインドアップをはじめたり、セットポジションをとったら、いかなる理由があっても攻撃側のタイムの要求を認めてはならない。打者がタイムを要求すること自体は認められるが、タイムは球審が宣告しなければ有効ではない。打者は理由なく打席を離れてはならないが、投手がぐずぐずしていたりする場合には、多少離れても認められる。

　打者が打席を出たり、打撃姿勢をやめたりしたのにつられて投手が投球をやめてしまっても、ボークにはならず、"出発点"からやり直しになる。

ペナルティによるストライク

　打者がバッタースボックス内で打撃姿勢をとろうとしなかった場合、ペナルティとして球審は自動的にストライクを宣告する。この場合はボールデッドとなり、走者の進塁も許されない。この後、球審は打者に正しい打撃姿勢をとるための適宜な時間を与えるが、なお指示に従わない場合は続けてストライクが宣告され、ストライクが合計3回宣告されれば打者はアウトになる。

　また、スピードアップを図るための「バッタースボックスルール」（例外規定を除いて、打者は打撃時間中に少なくとも一方の足を打者席内に置いていなければならないというルール。p103参照）に違反した場合も、ペナルティとして自動的にストライクが宣告される。

公認野球規則：5.04(b)(4)(5)

バッタースボックスのルール

打つ前は足が少しでもはみ出してはいけない

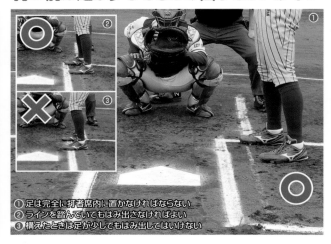

① 足は完全に打者席内に置かなければならない
② ラインを踏んでいてもはみ出さなければよい
③ 構えたときは足が少しでもはみ出してはいけない

バッタースボックスの中に
両足を完全に置いて構える

　打者は、正規の打撃姿勢をとるためには、バッタースボックスの中にその両足を置かなければなりません。ラインは区画の一部ですから、足がはみ出さない程度にラインを踏むことは許されますが、少しでも足がラインからはみ出してはいけません。実際のグラウンドでは、バッタースボックスのラインは消えてしまうことが多いですが、だからといってルーズにならないよう気をつけましょう。

　また、打者がバッタースボックスをみだりに離れてはならないことを厳しく定めた「バッタースボックスルール」が2015年にMLBで採用され、2016年改正で日本でも導入されました。

野球
規則

公認野球規則 5.04(b)

(4)バッターボックスルール

(A)打者は打撃姿勢をとった後は、次の場合を除き、少なくとも一方の足をバッターボックス内に置いていなければならない。この場合は、打者はバッターボックスを離れてもよいが、"ホームプレートを囲む土の部分"を出てはならない。

(i)打者が投球に対してバットを振った場合。

(ii)チェックスイングが塁審にリクエストされた場合。

(iii)打者が投球を避けてバランスを崩すか、バッターボックスの外に出ざるを得なかった場合。

(iv)いずれかのチームのメンバーが"タイム"を要求し認められた場合。

(v)守備側のプレーヤーがいずれかの塁で走者に対するプレイを企てた場合。

(vi)打者がバントするふりをした場合。

(vii)暴投または捕逸が発生した場合。

(viii)投手がボールを受け取った後マウンドの土の部分を離れた場合。

(ix)捕手が守備のためのシグナルを送るためキャッチャースボックスを離れた場合。

　打者が意図的にバッターボックスを離れてプレイを遅らせ、かつ前記(i)～(ix)の例外規定に該当しない場合、当該試合におけるその打者の最初の違反に対しては球審が警告を与え、その後違反が繰り返されたときにはリーグ会長が然るべき制裁を科す。

※プロでは警告が出された後の違反に対してペナルティとして自動的にストライクが宣告される。日本のアマチュア野球では内規により警告を2度与え、3度目から自動的なストライクとする。

(B)打者は、次の目的で"タイム"が宣告されたときは、バッターボックスおよび"ホームプレートを囲む土の部分"を離れることができる。

(i)負傷または負傷の可能性がある場合。

(ii)プレーヤーの交代。

(iii)いずれかのチームの協議。

打者が明らかにうっかり打席を出てしまったような場合、すみやかに戻るよう球審がうながし、打者がそれに従えばペナルティはない。また、監督・コーチからのサインを見るときも打者席の中で見るようにする

公認野球規則：5.04(c)　5.09(a)

打者がアウトになる場合

アウトになるか走者になるかで打撃完了

打者走者が1塁に到達する前に、その身体か1塁ベースに触球されればアウトとなる

フライ捕球や1塁到達前のアウト以外にも
打者のアウトには様々なケースがある

　打者は、アウトになるか、走者になったときに、「打撃を完了した」ことになります。

　打者がアウトになるのは色々なケースがありますが、代表的なのは、フライが正規に捕球された場合と、ゴロを打って一塁に到達する前にその身体か一塁ベースに触球された場合や、第3ストライクを宣告された場合などです。

　それ以外にもインフィールドフライを宣告された場合、走者が打球に当たった場合、打者が守備を妨害した場合などがありますが、難しいルールはそれぞれ別のページで説明します。

典型的な打者アウトの例

❶フライが正規に捕球された場合

インフライトの飛球を野手が地面につく前に捕らえれば、打者はアウトになる

❷打者走者になって、1塁に到達する前に触球された場合

フェアボールを打ったり、いわゆる「振り逃げ」の状態になった打者走者が、1塁に到達する前にその身体か1塁ベースに触球されればアウトになる

❸第3ストライクが宣告された場合

第3ストライクと宣告された投球を、捕手が正規に捕球した場合は、打者アウトとなる。正規の捕球とは、インフライトの投球を、地面に落とさずつかんでいるという意味であり、バウンドした投球や、球審の身体に当たって跳ね返ったボールをつかんでも正規の捕球ではないし、捕球したと認められる前に落球しても正規の捕球ではない。
※いわゆる「三振振り逃げ」との関係はp106を参照

アウトになったばかりの打者または走者による妨害

アウトになった打者や走者はすみやかに自チームのベンチに戻るが、まだプレイが続いているときは守備の妨げにならないよう気をつけなければならない。ただし、何らかの理由でアウトになったことに気付かず走塁（進塁、帰塁、リタッチの試み等）を続けてしまった場合は、その行為だけでは守備を妨害したものとはみなされない。

スリーバント失敗

2ストライク後にバントをしてファウルになったら、打者はアウトになる。これは規則上、三振と記録されるため、俗に「スリーバント失敗」と呼ばれることが多い。

同時はセーフ？

規則では1塁到達「前」に触球するとアウトになると定義しているので、走者が塁を踏むのと、ボールを持った野手が1塁を踏む、あるいは1塁を踏んで構えている野手に送球が到達するのとが同時だったら、解釈上はセーフとされている。ただし、厳密に同時ということはほとんどありえないので、審判員は常に「どちらが早いか」を考えてジャッジしている。

公認野球規則：5.09(a)(2)(3)

第3ストライクと振り逃げ

三振＝アウトでない場合もある

三振しても捕手が正規の捕球をできなかったときは、打者はアウトにはならず打者走者となって1塁に向かう権利がある

無死または1死で走者が1塁にいないときと 2死のときが「振り逃げ」できる条件

　ストライクが3つでアウトになるというのは野球の基本中の基本のひとつですが、正確なルールを覚えておきましょう。

　見逃しにせよ空振りにせよ、第3ストライクが宣告され、かつ捕手がその投球を正規に捕球したら、打者はアウトになります。しかし、正規の捕球でなかった場合、つまり投球がバウンドしていたり、捕手が落球、後逸したりしたような場合は、打者はアウトではなく、走者となって1塁に進む権利があり、これをアウトにするためにはゴロを打ったときと同じく、打者が1塁に到達する前に身体かベースに触球する必要があります。

例外 「振り逃げ」できない場合

0アウトまたは1アウトで、走者が1塁にいる場合（1塁、1・2塁、1・3塁、満塁）。この場合は第3ストライクと宣告された投球を捕手が正規に捕球できなくても、打者は自動的にアウトになって、走者になることはできない。

2アウトであれば、走者が1塁にいても振り逃げできる。

「振り逃げ」のときの打者走者の妨害

「振り逃げ」の状態になり、正規に捕球できなかった投球を処理しようとしている捕手の守備を、打者走者が「明らかに」妨げたら、打者走者はアウトになり、ボールデッドとなって他の走者は投球当時の占有塁に戻る。しかし、打者走者の行為は守備妨害に当たらないと球審が判断すれば、ボールインプレイとなる。

捕手が正規に捕球できなかった投球が本塁周辺で打者または球審によって不注意に逸らされた場合（打者や球審が意図せず蹴飛ばしてしまったケースなど）には、ボールカウントにかかわらずボールデッドとなり、塁上の走者は投球当時の占有塁に戻る。「振り逃げ」のケースでは、打者走者は1塁に進む権利を失い、そのままアウトになる。

※「振り逃げ」の状態で捕手がはじいた投球を、打者席から数歩進んだところで蹴飛ばしてしまえば、打者走者には避けるための時間があったという考え方により、守備妨害でアウトになる。本塁周辺で偶然触れた場合はインプレイとしていたが、あまりに遠くに蹴飛ばしてしまうような事例もあったため、2022年の改正ですべてボールデッドとして処置を分かりやすくした。

「振り逃げ」とは？

ルールブックには「振り逃げ」という言葉はないが、第3ストライクを宣告しても正規の捕球でなかった場合に、打者が打者走者となって1塁に進む権利があることを指して、一般的に「振り逃げ」と呼ぶ。第3ストライクが空振りである必要はないが、見逃し三振を捕手が落球するケースは少なく、空振り三振のときに発生するイメージが強いためにこう呼ばれるようになったのだろう。

球審はスイングのメカニックを示してプレイを注視する

公認野球規則：5.09(a)(7)(8)

バットとボールの二度あたり

バットが飛んだのかボールが転がったのか

バットが飛んで行って
ボールに当たったのか、
ボールが転がって行っ
てバットに当たったの
かで処置が異なる

バットがボールに当たったら打者アウト
ボールがバットに当たったらインプレイ

　打球がフェア地域に飛んで、そのボールにバットが当たった場合、次の2つのケースがあります。ひとつは、転がっている打球に投げたバットが飛んできてぶつかった場合。これは守備妨害で打者アウトです。しかし、打者が投げ捨てて置いてあるバットに、打球の方が転がってきてぶつかった場合はボールインプレイです。

　また、打者が打ったが、足元でバウンドして打者の方に戻り、バッタースボックス内で打者がまだ持っているバットに当たった場合はファウルになります。ただし、打者が片足でも完全に打者席の外に走り出していたときにフェアの打球に当たったら打者アウトです。

折れたバットが打球に当たったら

バットの折れた部分がフェア地域に飛んで打球に当たったり、走者や野手に当たってもプレイはそのまま続けられ、妨害は宣告されない。

これに対してフェア地域でもファウル地域でも、バット全体が飛んで行って野手の守備を妨げたら妨害が宣告される。

※2014年改正で「ファウル地域」が明記された

ファウル地域で当たったらファウル

ファウルの打球にバットが当たったときは、故意でなければファウルになる。

自打球の解釈について

打者がバッタースボックス内にいて、その身体や所持するバットに打球が当たった場合はファウルとする。これを俗に「自打球」と呼んでいる。

打者が走り出して片足を完全にボックスから出したときにフェアの打球に当たっても、2012年までは、もう片足がボックス内に残っていれば、「まだボックス内にいる」という解釈でファウルにしていた（自打球扱い）。

しかし、2013年から、片足が完全に外に出た状態でフェアの打球に打者の身体や所持しているバットが当たれば、「すでにボックスを出た」と解釈して、打者アウトにするよう解釈が変更された。

この場合は
ファウル

公認野球規則：8.02(c)

ハーフスイング

半分振って、止めたか止めないか

規則書にはハーフスイングの明確な基準はない。審判員の見た目で、止めたか止めなかったか判断する

球審がストライクと判定しないときだけ
「振ってるんじゃないか」と聞ける

　ハーフスイングの際、球審が投球を「ストライク」と宣告しなかったときだけ、守備側の監督または捕手が、振ったか振っていないか塁審のアドバイスを受けるよう、球審に要請することができます。これを審判の専門用語では「チェックスイングのリクエスト」といいます。要請を受けた球審は塁審に聞く義務があり、塁審が答えた裁定（スイングかノースイング）が最終の裁定となります。

　見逃しでもスイングでも、球審が自分で「ストライク」と判定すれば、それを変更することはできないので、攻撃側の監督が「振っていないと思うから塁審に聞いてくれ」と言うことはできません。

審判のメカニック（動作）

塁審に一任する場合

球審がボールを宣告、キャッチャーが
「振った振った！」とアピール。

" Did he go?"
（「振った？」）

塁審に
リクエスト

塁審の判定

"Yes, he went!"
（「振った！」）

"No, he didn't go!"
（「振ってない！」）

※判定に説得力を持たせるために
は、球審・塁審とも、素早く聞き、
素早く答えることが大切

※守備側の監督または捕手から
のリクエスト要請は、投手が打
者に次の1球を投じる前、または
投球前でも次のプレイをしたり
プレイを企てたりする前、ある
いはイニング終了時は守備側
の全ての内野手がフェア地域を
去るまでにしなければならない。
（2015年改正）

球審がスイングをとる場合

要請があってもなくて
も球審が自分の判断
でスイングと判定す
れば、それが最終の
裁定となる。コールは
"Yes,he went!"（「振っ
た！」）

公認野球規則：5.09(a)(11)

スリーフットレーン

1塁に対する守備の妨害がポイント

スリーフットレーンを走っていないことによって守備の妨げになっているかどうかがポイント

プレイと走者が交錯しやすいので
特別に枠が設けてある

　本塁－1塁間の後半に、幅3フィート、長さ48フィートの枠が描かれています。これを「スリーフットレーン」といいます。これは、走路の一部を取り立てて強調しているだけで、特にここを走る義務があるわけではありません。

　ただし、打者走者が1塁に向かう際、この枠の中を走っていなくて、1塁への送球を捕らえようとする野手の妨げになったと審判員が判断すれば、故意でなくても守備妨害でアウトになります。勘違いされやすいのですが、これは送球に対する妨害ではなく、あくまでも1塁で守備する野手に対して妨げになった場合に適用されます。

いつも走らなければならないわけではない

あくまで1塁に送球される守備が行われる場合、しかも打者走者が妨害するケースなので、本塁方向からの送球に限定された話と考えてよい。普通の内野ゴロの際や、ヒットを打ってふくらんで走る際などは関係ない

送球方向とレーン外走行

妨害

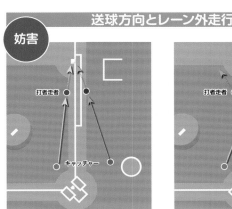

打者走者

キャッチャー

レーン外の走者が送球線上にいるために、1塁にいる野手が捕球しづらくなったと判断されれば守備妨害が適用される

妨害ではない

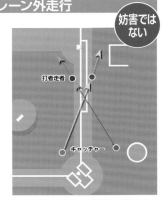

打者走者

キャッチャー

レーン外の走者は送球線上にいるが、送球が明らかに1塁の方向に向かっていないため、1塁で守備している野手の妨げにはなっていない

野球規則

公認野球規則 5.09(a)(11)

【原注】スリーフットレーンを示すラインはそのレーンの一部であり、打者走者は両足をスリーフットレーンの中もしくはスリーフットレーンのライン上に置かなければならない。

公認野球規則：5.09(a)(12)　5.09(b)(7)「定義40」

インフィールドフライ

ずるい併殺を防ぐためのルール

宣告の基準は審判員が「内野手が通常の守備をすれば捕球できる」と考えるかどうか

捕球されたらリタッチが必要
落球したときは、そのまま走ってOK

　インフィールドフライのルールは、0アウトまたは1アウトで、走者1・2塁または満塁のときに適用されます。このとき打者が内野フライを打ち上げ、"内野手が通常の守備をすれば容易に捕球できる"と審判員が判断すれば、捕球前に打者はアウトを宣告されます。

　これは、フライが上がると普通は走者がもとの塁を離れないため、塁が詰まっているときにわざと落球して進塁の義務を生じさせ、ダブルプレイやトリプルプレイを狙う、ずるいプレイを防ぐために作られたルールです。考え方は難しくありませんが、色々場合分けが必要なので、しっかり覚えておきましょう。

インフィールドフライのルール

0アウトまたは1アウトで
走者1・2塁または満塁

↓

打者が内野にフライを打ち上げる

↓

審判員が「内野手が普通の守備行為をすれば捕球できる」と判断

↓

インフィールドフライを宣告
打者走者は自動的にアウト

野手が実際に捕球	野手が捕球せず

塁上の走者は リタッチの 義務がある	塁上の走者にリタッチの義務はない

	打球が フェアになる	打球が ファウルになる

ボールインプレイ	ファウル優先で 打者打ち直し

打球に走者が触れたら

　内野手が最初の守備をする前の打球に走者が触れたらアウトになるのがルールの原則。インフィールドフライの打球でも同じなので、塁を離れている走者が、インフィールドフライが宣告された打球に触れたらアウトになる（打者は宣告時にアウト）。ただし、塁に触れている走者は、打球に触れてもアウトにはならず、打者だけがアウトになる。いずれの場合もボールデッド。

インフィールドフライと守備妨害が重なった場合

　インフィールドフライが宣告されたとき、同時に塁上の走者が打球を処理しようとする野手の守備を妨害しても、打球がフェアかファウルかが確定するまでボールインプレイの状態が続く。したがって審判員は守備妨害を宣告するだけでタイムは宣告しない。打球がフェアになるかファウルになるかで処置が違うので注意が必要（2014年改正）。

❶打球がフェア地域で捕球されるか、捕球されなくても結果的にフェアになった場合は、守備を妨害した走者は守備妨害でアウト、打者もインフィールドフライが適用されてアウト。

❷打球がファウル地域で捕球されたり、捕球されなかった結果ファウルになった場合は、守備を妨害した走者は守備妨害でアウトだが、打者はインフィールドフライ取り消しで打ち直しとなる。ファウルはカウントされるので、0ストライクか1ストライクだった場合は、ストライクが1つ追加される。

規則適用上のポイント

　このケースで、ファウル地域で捕球されても打者がアウトにならないことについては賛否両論あるが、このように決められた以上は間違えないように覚えておこう。また、審判員の心構えとして、インフィールドフライに限らず、フライと守備妨害が重なったら、すぐにタイムをかけるのではなく、フェアかファウルが確定するまで待った方がよい。

インフィールドフライで注意しなければならない事項

❶ライナーおよびバントして飛球になったものは対象外

→宣告する時間がないため

　バントの小フライをわざと捕球せずに併殺を狙うことはよくあるプレイだが、グラブに触れなければ問題ない（グラブに触れて落とすと故意落球）

❷判断基準はあくまで審判員の考え。芝生やベースラインを基準としない

→結果的に外野手が前進して捕球することになっても判定は変わらない。

❸打者アウトなのでフォースの状態は解除され、塁上の走者に進塁の義務はない

→ボールインプレイなので走者の進塁は自由。進塁先でのプレイがタッグプレイになることに注意。ただし実際に捕球されたらリタッチしなければならない。

❹フライが捕球されず、ファウルボールになったらファウル優先で打者打ち直し

→ファウルライン付近にフライが上がったら、審判員は「インフィールドフライ・イフ・フェア」を宣告する。

❺インフィールドフライは審判員が宣告して初めて有効となる

→たとえ審判員が勘違いにせよインフィールドフライを宣告しなければ、それはインフィールドフライではない。

❻インフィールドフライと故意落球（p118参照）が同時に発生したときは、インフィールドフライ優先

→手またはグラブに触れて故意に落球しても、故意落球は適用されず打者アウトでボールインプレイ。

審判員のシグナル

インフィールドフライのときは、周りの選手たちにはっきり知らせるため、審判員全員が人差し指を高く突き上げ、インフィールドフライを宣告する。審判員は、プレイが一段落するまで手を上げたままにしておいて判定を徹底することが望ましい。また、球審は「インフィールドフライ、バッターアウト」と宣告し、打者走者が1塁に進んで混乱を招くことを避けるよう心がける。

▲インフィールドフライの宣告。人差し指を高く突き上げる形

▲インフィールドフライのルールは難しく、うっかり忘れてしまうこともあるので、インフィールドフライのケースになったら、投球前に審判員同士でこのようなシグナルを送り合って確認することが多い

公認野球規則：5.09(a)(12)

故意落球

ボールをわざと落とすのはアンフェア

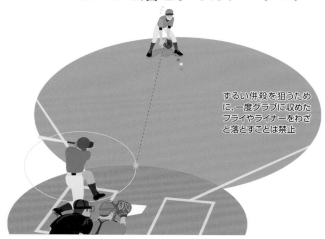

ずるい併殺を狙うために、一度グラブに収めたフライやライナーをわざと落とすことは禁止

捕れるはずのフライを捕らないで
走者を混乱させることは禁止

　「故意落球」とは、わざとボールを落とすという意味ですが、適用されるのはノーアウトか1アウトで、走者が1塁にいる場合（1塁、1・2塁、1・3塁、満塁）のときに限られます。また、打球も内野手へのフェアの打球に限られます。

　これは、1塁が埋まっている状況で、容易に捕球できるはずのフライ、ライナーをわざと落とすと、ベースを離れられないでいた走者をだまして併殺を狙ったり、1塁走者と打者走者を入れ替えたりすることが可能になるため、そのようなアンフェアなプレイを許さないために設定されているものです。

打球に触れないで落とすのはOK

　故意落球は、内野手（投手、捕手を含む）が容易に捕球できるはずのフライ、ライナーを、手またはグラブに一度触れておきながら、捕球と認められないくらいすぐにわざと落としたときに適用される。現実に打球に触れないで地上に落とした時には適用されない。また、必死に飛びついて捕球を試み、一度はグラブに入ったが結果として落球したことが明らかであるような場合にも故意落球は適用しない。

外野手が内野を守っていたら？

　はじめから内野を守っていた外野手は、この規則では内野手と同様に扱う。逆に内野手がはじめから外野を守っていた場合はこの規則の適用外となる。
　メジャーリーグマニュアルでは「外野手が内野近くまで来てダブルプレイを目的として飛球やライナーを落とした場合にも適用される」とあり、2021年の日本野球協議会オペレーション委員会審判部会でもこの考え方を採用することが確認された。

野球
規則
公認野球規則 5.09(a)

　打者は、次の場合、アウトとなる。
(12)　0アウトまたは1アウトで、走者1塁、1・2塁、1・3塁または1・2・3塁のとき、内野手がフェアの飛球またはライナーを故意に落とした場合。
　ボールデッドとなって、走者の進塁は認められない。
【付記】内野手が打球に触れないでこれを地上に落としたときは、打者はアウトにはならない。ただし、インフィールドフライの規則が適用された場合は、この限りではない。
【注1】本項は、容易に捕球できるはずの飛球またはライナーを、内野手が地面に触れる前に片手または両手で現実にボールに触れて、故意に落とした場合に適用される。
【注2】投手、捕手および外野手が、内野で守備した場合は、本項の内野手と同様に扱う。また、あらかじめ外野に位置していた内野手は除く。

公認野球規則：6.03(a)(1)

反則打球

打つとき足がバッタースボックスを出るとアウト

片足でも完全にバッタースボックスの外に出た状態で打つと、反則打球でアウトになる

完全に出ていなければOK
片足でも全部出てしまったらアウト

　打者が打つときに、片足または両足を完全にバッタースボックスの外に置いて打つと、反則行為としてアウトになります。このときはボールデッドになりますので、走者も進塁できません。

　「完全に」ということは、言いかえれば足の一部分がはみ出すのはOKということです。極端なことを言うと、踏み出して打ったらほとんど足がはみ出してしまったけど、かかとがかろうじてラインを踏んでいたというようなケースはセーフです。

　大きく踏み出す以外に、バントのときに反則打球が起こりがちなので気をつけましょう。

足の位置と反則打球

打者の左足はラインを踏んではみ出しているが、完全には出ていないので、この状態で打ってもOK

打者の左足が完全にラインの外に出てしまっている形。この状態で打つと反則打球でアウトになる

空中はセーフ

打者は打者席を飛び出して打ってはならないと規定されているが、打席から直接ジャンプして手が届く範囲であって、足が空中にあるときに打つのならOKと解釈されている。スクイズのときに起こりやすい。
※スクイズと反則打球についてはp160-161も参照

空振りのときはおとがめなし

打者が打とうとして片足でも完全に打席の外に置いてしまったが、実際にはバットにボールが当たらなかった場合は、反則打球にはならない。

公認野球規則：5.05(b)(1)(2)　9.14(d)「定義7」

四球と死球

ボールインプレイかボールデッドか

投球が打者に触れた瞬間ボールデッドとなり、球審はこのあとタイムを宣告する

通常の四球のときは、
余分な塁を狙ってもOK

　四球と死球は、投球の結果として打者に1個の安全進塁権が与えられる点ではよく似ています。ただし、申告制でない通常の四球はボールインプレイなので、もし投球が暴投になったり、捕手がパスボールをしたりしてボールが転々としているような場合は、打者も走者もアウトを賭して余分に塁を進むことができます。

　これに対して、死球はボールデッドになります。打者の身体や着衣に投球が触れた瞬間ボールデッドですから、ボールがどこに行こうと関係なく、打者が1塁に進み、押し出される走者も進んで、それで終わりです。

申告制の故意四球

　MLB機構は2017年から申告制の故意四球を導入すると発表し、規則を改正した。『公認野球規則』でも2018年改正で対応し、NPBをはじめ多くの団体で採用することになった。

　守備側チームの監督が打者を故意四球とする意思を審判員に伝えれば、ボールデッドとなって打者には1塁が与えられる。故意四球の申告は打者の打撃時間が始まる前にしてもいいし、打撃の途中ですることもできる。

死球が認められない場合

❶ストライクゾーンでインフライトの投球に触れた場合
→判定はストライク
❷打者が投球を避けようとしなかった場合
→判定はボール
　いずれも投球に触れた瞬間ボールデッドになるので走者は進塁できない

四球の安全進塁権に注意

　四球のときは、打者が1塁に進み、押し出される走者が1個ずつ塁を進むまでは「安全に」進塁できるが、ボールインプレイなので、その塁を通り過ぎればアウトになる可能性があることに注意する。

審判のゼスチュア

　四球のときは「ボールフォー」とだけコールして、特に身振りで進塁を指示したりはしない。死球のときは、まず「タイム」を宣告。必要なら「デッドボール」と言いながら自分の身体を叩いて（肘に当たったのなら肘を叩く）死球であることを周囲に知らせ、打者に進塁をうながす。

公認野球規則：5.06(b)(4)(A)(F)

打球が場外に出る

ホームランかエンタイトルツーベースか

地面でバウンドしたフェア
ボールが場外に出たら、ボ
ールデッドになって2個の
塁が与えられる

打球がノーバウンドで場外に出るか
バウンドして場外に出るか

　フェアの打球が、インフライトの状態でフィールドの外に出た場合、いわゆる「ホームラン」として打者には本塁が与えられ、塁上の走者も全て押し出されて得点します。もちろん、打者も走者も全ての塁に正規に触れる必要はあります。

　これに対して、フェアの打球がバウンドしてフィールド外に出たら、打者および走者には、投手の投球当時から2個の塁が与えられます。これは、日本語では一般に「エンタイトルツーベース」と呼ばれています。

　いずれの場合も打球が場外に出たのでボールデッドになります。

明らかにホームランの打球の進路が変わったら

　明らかにホームランになるだろうと思われるようなインフライトの打球が鳥にぶつかって落ちてしまったり、観客が叩き落としたような場合には、審判員の判断でホームランが認定される。

ファウルポールに当たったら

　インフライトの打球がファウルポールに当たったらホームラン。バウンドした打球がファウルポールに当たったらボールデッドとなってエンタイトルツーベース。これは、ファウルポールはフェンスより上なので、場外に出たはずの打球と判断されるから。

マナーアップのために

　以前は野球の国際大会などほとんどなく、世界の国を相手にして戦うようなことはあまりありませんでしたが、現在では各年代での国際試合も盛んになり、野球はただ日本だけの野球ではなく、世界の「ベースボール」として飛躍しなければいけない時代になってきました。

　日本の野球の技術レベルが世界でもトップクラスなのは疑いのないところで、その意味では「野球先進国」と言えるでしょう。しかし、とても残念なことに、マナーの面では井の中の蛙になってしまっていて、国際的に大変評判が悪いのが実情です。

　日本の野球の評判の悪さのひとつに、「ずるさ」が挙げられます。狡猾さも時には勝負に必要でしょうが、例えば塁に出たランナーが相手キャッチャーの配球、サインを盗み、打者に伝達するような行為はどうでしょうか。日本では何十年間も推奨されてきた「クレバーな」技術のつもりでいて、世界の国々からは「アンフェアな」行為として非難されています。また、キャッチャーが際どいコースを捕球した後で、ストライクゾーンの方にミットを動かす行為も、球審をだまそうとする卑劣な行為として大変評判が悪いのです。

　対戦相手をリスペクトし、正々堂々と力と力の勝負を挑む。そんな戦いを通じて、真の国際交流を図り、世界の国々から称賛されるようなマナーを誇りたいものです。

PART 5

ランナー
の
ルール

公認野球規則：5.06(a)(2)　5.06(b)(2)　5.09(b)(6)

塁の占有

ひとつの塁に2人同時にはいられない

2人の走者が同時にひとつの塁にいるとき、両方の走者にタッグしたら、後位の走者がアウトになる

基本的に前位の走者に
占有権がある

　走者は、塁を離れているときに、その身体に触球されたらアウトになります。逆にいえば、塁についていればアウトにならないわけです。しかし、塁を占有して安全にいられる権利は、塁ひとつにつき1人だけ。もし2人が同時にひとつの塁に触れていても、原則として前位の走者に占有権があり、後位の走者は安全ではありません。

　例えば、3塁走者がランダウンプレイで本塁から3塁に戻ってきたところへ、2塁からも走者が3塁に来てしまったような場合、2人が同時に3塁に触れていても、占有権は前位の3塁走者にあり、後位の2塁走者は、触球されればアウトになります。

塁の占有権の例外

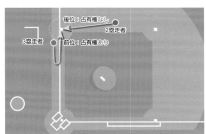

塁の占有権は、通常は常に前位の走者にあると考えてよい。左の例では、3塁上に2人の走者がいても、前位の3塁走者に占有権があるので、後位の2塁走者は塁に触れていても触球されればアウトになる

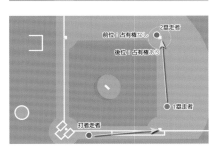

例外として、打者が打者走者になって、塁上の走者が押し出される場合（フォースの状態）では、後位の走者が進むべき塁の占有権を持っているので、元々その塁にいた前位の走者と2人でひとつの塁を占有することになったら、後位の走者が占有権を持つことになる

誰がアウトか審判に確認しよう

ランダウンプレイなどでひとつの塁に2人の走者がいるような状態になると、とかく走者も野手も混乱しがち。野手は2人に同時にタッグしてアウトをとろうとするし、走者もアウトでないのに間違えて塁を離れたりしたら損をする。必ず審判員の判定をよく確認してから次の行動に移ろう。審判員も、誰がアウトで誰がアウトでないかを、明確にジャッジする必要がある

公認野球規則：5.06(b)(c)

進塁の順序

1塁、2塁、3塁、本塁の順に

途中を飛ばしたり、塁を踏み損ねたりするとアウトにできるので、守備側の選手は走者の触塁をよく確認しておこう

途中を飛ばしても
アウトにならないことがある!?

　打者が走者になったら、1塁、2塁、3塁、本塁の順に進みます。逆走しなくてはならなくなったときも、順番に戻ります。途中を飛ばしたり、ベースに触れずに進んだり戻ったりすると、守備側からアピールされてアウトになります。

　ただし、塁を空過しているだけで自動的にアウトになるわけではないので、アピールがなければ、正しく塁を進んだのと同じように扱います。極端にいえば、アピールがなければ、塁を全部踏まずに進んでもいいわけです。

「三角ベース」に注意！

塁を踏んだ直後に逆走しなければならないとき（思いがけず飛球が捕らえられた等）、もう一度塁を踏み直さずにその場から逆走を始めてしまう選手が多いので注意したい。

ボールデッド中は直接戻れる

進塁中に打球がファウルになるなど、ボールデッドになって元の塁に戻るときは、順番に戻らず直接戻ってOK。

逆走しなければならないとき

規則で「逆走しなければならないとき」とは以下の3つ。このようなときでも、逆の順序で各塁に触れなければならない。

❶フライが飛んでいるうちに次塁に進んだ走者が、捕球されたのを見て帰塁しようとする場合

❷塁を空過した走者が、その塁を踏み直す場合

❸自分よりも前位の走者に先んじるおそれがある場合

※逆走が、守備を混乱させる意図や試合を愚弄する目的が明らかな場合はアウトになる

※打者走者がアウトになることを避けるため、本塁に向かって逆走することは差し支えないが、本塁に達するとアウトになる

安全進塁権

4個、3個、2個、1個と様々

打撃妨害による
進塁を指示する
球審

色々なケースをしっかり確認して
正しく判断することが大切

　インプレイ中に起こった何らかの事象に対して、打者や走者に何個かの塁が与えられる場合があります。これを「安全進塁権」と呼びます。安全進塁権が与えられる事象は様々で、四球や死球もそうですし、守備側の妨害による場合もあります。また、打球や送球が競技場の外に出てしまった場合にも与えられます。

　安全進塁権が与えられるときは、同時にボールデッドになる場合が多いのですが、中にはボールインプレイのままのケースもあることと、安全進塁権が与えられても、触塁やリタッチは正しく行わなければならないことに注意しましょう。

本塁が与えられる場合

❶ホームラン
打者と塁上の全走
者に本塁が与えら
れ、得点が記録さ
れる。
p124も参照

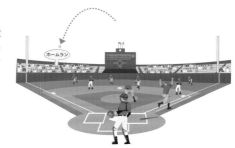

3個の塁が与えられる場合

**❶野手が、フェアボールに帽子やマスクなどを投げつけて故意に触
れさせた場合**
❷野手がフェアボールにグラブを投げつけて故意に触れさせた場合
❶❷ともボールインプレイなので、走者はアウトを賭して本塁に進
んでもよい。進塁の起点は、着衣やグラブがボールに触れた瞬間に
占有していた塁から
※審判員は「Detached equipment!（用具を投げて当てた！）」と
だけ宣告して塁上の全走者に本塁を、打者走者に3塁への進塁を指
示するが、タイムはかけない。これは、ランニングホームランを防
ぐために故意にグラブを打球に投げつけて打者走者を3塁止まりに
しようとする不正を防ぐため

打球に追い付けそ
うにないからと行
って、グラブや帽子
などをボールに投
げつけるのはNG

2個の塁が与えられる場合

❶**フェアの打球がバウンドしてスタンドやボールデッドの地域に入ったり、金網などに挟まって止まったりした場合。p124も参照。**

→投手の投球当時に占有していた塁から2個の進塁

❷**送球がスタンドやボールデッドの地域に入ったり、金網などに挟まって止まったりした場合。**

→打球処理直後の内野手の最初の送球だった場合は投手の投球当時から2個の進塁。それ以外の送球は、野手の手を離れた瞬間に占有していた塁から2個の進塁

❸**野手が、送球に帽子やマスクなどを投げつけて故意に触れさせた場合**

❹**野手が、送球にグラブを投げつけて故意に触れさせた場合**

→❸❹着衣やグラブがボールに触れた瞬間に占有していた塁から2個の進塁。ボールインプレイなので注意

投手が投手板を外して塁に送球してボールデッドの箇所に入った場合は「野手」の送球として2個の進塁

打球処理直後の内野手の最初の送球がボール
デッド地域に入ったときの進塁の起点は、
投手の投球当時に占有していた塁

打球処理直後の内野手の最初の送球以外の送球
がボールデッド地域に入ったときの進塁の起点は、
送球が野手の手を離れた瞬間に占有していた塁

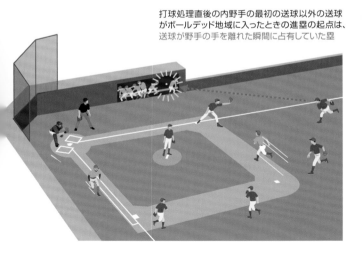

1個の塁が与えられる場合

❶ボーク
→塁上の全走者が1個進むのが原則。詳細はボークのページを参照。

❷四死球
→打者と、押し出される走者が1個進む

❸四球や三振になった投球が捕手のマスク・用具や球審のマスク・用具・身体に挟まる
→塁上の全走者が1個進む。三振でアウトになった打者以外は打者も1塁に進む

❹走者が打球に当たる
→走者アウトで打者1塁。押し出される走者も1個進む

❺走塁妨害や打撃妨害
→一部の例外を除き、ほとんどの場合は1個進む。詳細は走塁妨害と打撃妨害のページを参照

❻投手の投球や、投手板上からの送球がボールデッド地域に入った場合
→塁上の全走者が1個進む（打者の三振目や四死球のときは打者も1塁へ進む）

※捕手や野手を通過した投球や送球が、ボールデッド地域に入る前にさらに捕手や野手に触れてからボールデッド地域に入った場合には、投手の投球または送球当時から2個の塁を与える

❼投球に着衣や用具を投げつけて触れさせた場合
→ボールインプレイで、着衣や用具が投球に触れたときの走者の位置を基準に1個の進塁

投手が投手板上から塁に送球してボールデッドの箇所に入った場合は「投手」の送球として1個の進塁

❽飛球の捕球後、ボールデッド地域に踏み込んだり倒れ込んだりした場合

→捕球は認められるが、ボールデッドとなって、塁上の全走者は野手が踏み込んだり倒れ込んだりしたときに占有していた塁から1個進む。なお、はじめからボールデッド地域に足を踏み込んで捕球しても、正規の捕球とはみなされずファウルボールとなる。

※ボールデッド地域とはフェンス等で囲われた外側のスタンドやカメラマン席等のことだが、2016年までベンチは例外とされ、ベンチだけは捕球後に踏み込んでも倒れ込まなければボールインプレイとしてプレイを続けることが許されていた。しかし2017年の改正でベンチもほかのボールデッド地域と同じ扱いとなり、捕球後に踏み込めばボールデッドとすることになった

ベンチに踏み込まずに捕球すれば正規の捕球だが、捕球後にベンチに踏み込んでしまうとボールデッドとなって塁上の全走者が1個進む

はじめから片足でも足を踏み入れて構えていて捕球してもファウルボール

正規に捕球しても、ベンチ内に倒れ込んでしまったらボールデッドとなり、塁上の全走者が1個進む

ベンチ内に踏み込んだり倒れ込まないように、ベンチ内の選手たちが支えてあげるのはOK（敵味方は問わない）

走路とラインアウト

タッグプレイのときに意識する

タッグされるのを避けようとして走路を外れると「ラインアウト」を宣告されて、実際にタッグされていなくてもアウトになってしまう

左右3フィート以上タッグを避けると 「ラインアウト」が認定される

　ルールでは、塁間を結ぶ直線から左右3フィート（91.4cm）ずつの幅を「走路」としています。しかし、走者はいつもここを走らなければならないわけではなく、普段はどこを走ってもかまいません。実際に、ヒットを打って走る際には、塁間を大きく膨らんで走ることが一般的ですが、これは何の問題もありません。

　問題となるのは、塁間を走っている際に、野手に触球される場合です。この触球を避けてどこまでも逃げられるようだとプレイが成立しないので、走者が走路を外れてまで触球を避けた場合には、実際にタッチしていなくても、審判員の判断でアウトにします。

走路は走者の位置で決まる

　基本的に走路は塁間の左右3フィートを原則とするが、実際に触球プレイが起こったときには走者も走路を外れていることが多いので、触球プレイが行われたときに走者がいた位置から、その走者が進むべき塁までの直線を想定し、その左右3フィートを走路（ベースパス）と考えて対応する。

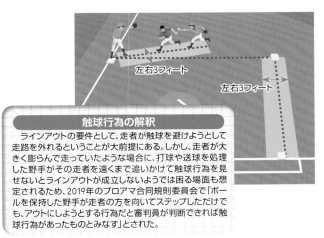

左右3フィート

左右3フィート

触球行為の解釈

　ラインアウトの要件として、走者が触球を避けようとして走路を外れるということが大前提にある。しかし、走者が大きく膨らんで走っていたような場合に、打球や送球を処理した野手がその走者を遠くまで追いかけて触球行為を見せないとラインアウトが成立しないようでは困る場面も想定されるため、2019年のプロアマ合同規則委員会で「ボールを保持した野手が走者の方を向いてステップしただけでも、アウトにしようとする行為だと審判員が判断できれば触球行為があったものとみなす」とされた。

走路が走者優先でない場合

　打球に対する守備は何よりも優先されるので、走者の走路上で内野手が打球に対する守備を行っていた場合は、走者の方が野手を避けないと守備妨害になってしまう。このときに走路を外れることは差し支えない。

　逆に、打球に対する守備でなければ守備者にも走者にも等分に権利があるので、ボールを持たない野手が走路上で走者の走塁を妨げれば、走塁妨害が適用される。しかし、走路上だからといって、走者が故意に守備を妨げれば当然守備妨害になる。

公認野球規則： 5.06(b)(4)(I)　5.09(b)(5)　5.09(c)(1)「定義66」

リタッチの義務

フライのときは一度塁に触れ直す

走者3塁から外野フライ。走者は3塁ベースに触れた状態で捕球を待ち、捕球と同時に本塁を狙う。典型的な「タッグアップ」のケース

元の塁に戻って触れ直すリタッチと最初から塁に触れて捕球を待つリタッチがある

打者がフライを打ち上げて捕球されると、走者は一度元の塁に戻って、塁に触れ直してから進塁しなければならないというルールがあります。これを「リタッチ」と言います。

再スタートするのは、野手が最初にフライに触れた瞬間からですが、リタッチには2種類あります。ひとつは、フライが打たれたときに塁を離れていた走者が、元の塁に戻って触れ直す場合。もうひとつは、フライが打ち上げられている間にあらかじめ塁に触れておいて、フライが捕球されたのを見て次の塁へスタートする方法です。リタッチすることを「タッグアップ」とも言います。

元の塁とは？

リタッチを果たさなければならない「元の塁」とは、フライが打たれたときの、投手の投球当時に走者が占有していた塁である。

リタッチしなかったら？

リタッチせずに進塁してもよいが、守備側からアピールされればアウトになる。ただし、守備側からアピールがなく、アピール権が消滅してしまったら、リタッチを果たしていなくても、その進塁は正規のものと認められる。

安全進塁権とリタッチ

規則によって安全進塁権が与えられたとしても、リタッチの義務が残っていれば、その元の塁にリタッチを果たさなければならない。リタッチはボールデッド中でも行える。安全進塁権による進塁の起点は、リタッチを果たさなければならない塁となる。

ファウルチップはリタッチ不要

ファウルチップは定義上フライではないので、リタッチの義務はない。しかし、チップした打球を捕手が捕らえ損ねて、結果的にファウルボールになれば、走者は元の塁に戻らなければならない。

「フライングスタート」の禁止

リタッチをするときは、左ページで紹介したとおり、元の塁に戻って触れなおすか、最初からその塁に触れていて、捕球後にスタートするかのどちらかでしなければならない。勢いをつけるために、ベースの後方から走り始め、走りながら塁に触れてリタッチを果たそうとする「フライングスタート」は認められず、守備側からアピールがあればアウトになる。

公認野球規則：5.09(b)(9)

走者の追い越し
追い越したら即アウト

あーっ！

え！？

お？

フライの行方を見ながら走っていて、ハーフウェイで待機している前位の走者を追い越してしまうのが、よく起こるパターン

アウトになるのは常に後位の走者
逆走のときに勘違いしやすいので注意

　走者は、ボールインプレイ中に前位の走者を追い越してはいけません。追い越してしまうと、即アウトが宣告されます。このときはボールインプレイなので気をつけてください。

　難しいのは、「アウトになるのは常に後位の走者である」ということです。追い越しは、普通に走っているときだけでなく、逆走のときにも起こります。逆走で追い越しが発生したら、見た目では追い越したのは前位の走者ですが、この場合でもアウトになるのは後位の走者です。過去にはプロ野球でも間違った判定が行われて誰も気付かなかった例があるくらい、瞬間的に混乱しがちなルールです。

ケーススタディ！

例題❶

走者1塁。打者が大きな外野フライを打ったので、1塁走者は1・2塁間にとどまって打球の行方を確認していたが、打者走者はホームランを確信して全力で走り続け、1塁走者を追い越してしまった。
→打者走者がアウト

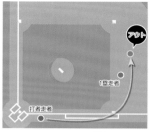

例題❷

走者1塁・2塁。打者が大きな外野フライを打ったので、2塁走者は2・3塁間にとどまって打球の行方を確認していたが、1塁走者はホームランを確信して全力で2塁を回り2塁走者のすぐ背後まで来た。そのとき外野手がフライを好捕したので、走者はあわてて元の塁に戻ろうとしたが、2塁走者は振りかえりざまにすぐ後ろにいた1塁走者を追い越してしまった。
→1塁走者がアウト

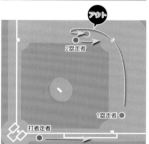

いずれの場合も、追い越しアウトとは別にプレイは続けられる。

ボールデッド中の追い越し

ボールインプレイ中に発生した安全進塁権（悪送球、ホームラン、エンタイトルツーベースなど）によって進塁しているときも走塁の順序は守らなければならないので、追い越しが発生したらアウトになる。ファウルなどで元の塁に戻るときは適用されない。

143

公認野球規則：5.09(b)(6)(11) 「定義57」

オーバーランとオーバースライド

1塁だけは走り越してもすぐ戻ればよい

内野ゴロの際は、普通全力で1塁を
駆け抜けるが、オーバーランとはみな
さず、すぐに戻ればアウトにならない

オーバーランやオーバースライドは
2塁と3塁でしか起こらない

走塁の際に、本当はその塁にとどまっていたいのに、勢い余って
うっかり走り越してしまうことがあります。これを一般に「オーバ
ーラン」とか「オーバースライド」と呼びます。

オーバースライドした状態では塁を離れているわけですから、も
ちろん触球されればアウトになります。しかし、打者走者が本塁か
ら1塁に向かう際だけ、スライディングの余勢でオーバースライド
してしまったり、あるいは1塁ベースをまっすぐ駆け抜けたりして
も、ただちに1塁に戻ればOKということになっています。

すぐに1塁に戻らなかったら?

　1塁を駆け抜けたり、オーバースライドしたりしてセーフになった打者走者が、すぐに1塁に戻らなければアウトになる。慌てて戻る必要はないが、あまりにもたもたしていて試合進行の妨げになるようだと、触球されてアウトを宣告されてもやむをえない。

　また、アウトになったと勘違いしてベンチや守備位置に向かおうとしたときなども、守備側がその選手の身体か1塁ベースに触球してアピールすればアウトになる。

2塁に進もうとしたら
安全なオーバーランの権利はなくなる

　勘違いが多いのが、1塁へ悪送球が起こったりして、駆け抜けた打者走者が2塁へ進もうとした場合。少しでも2塁へ進もうという意思を示せば、もう1塁に安全に戻れる権利はなくなり、触球されればアウトになる。「ファウルラインを越えなければよい」などと言われることがあるが全くのデタラメ。

ランダウンプレイ中に塁を走り越す

　(例)1アウト走者2・3塁。スクイズ失敗で3塁走者が三塁本塁間に挟まれランダウンプレイとなる。その間に2塁走者は3塁に到達した。3塁走者は触球されずに3塁に戻ってきたが、左翼方向に塁を踏み越えてしまった。
→通常は身体が入れ替わらないと「追い越しアウト」ではないが、この場合に限り塁を踏み越えたところで追い越しと見なし、後位の走者(2塁走者)をアウトにする。踏み越したかどうかは審判員の判断。

公認野球規則：5.05(a)(2)　5.09(b)(2)

走塁放棄

審判員の判断でアウトになる

判定はセーフだったのに、アウトになったと勘違いしてベンチに戻ってしまうと、アウトが宣告される

プレイが続けられていないと勘違いして
ベンチに向かったりしたらアウトになる

　ランナーが、何らかの理由でベースラインから離れ、明らかに進塁する意思を放棄した場合は、審判員の判断でこのランナーをアウトにします。これは審判員の判断なので、距離や時間などを基準にするものではありません。

　ただし、第3ストライクと宣告されただけでまだアウトになっていない（いわゆる「振り逃げ」の状態の）打者走者だけは、1塁に向かおうとせずに"本塁を囲む土の部分"を出たら直ちにアウトが宣告されます。2006年までは、ベンチに入るまでは思い直して1塁に向かうことも可能でしたが、2007年の改正で変更されました。

ダートサークル（本塁を囲む土の部分）

白線でダートサークルを描いている例

本塁を囲む、直径26フィートの円になっている土の部分を「ダートサークル」と呼ぶ。2007年の規則改正で、三振振り逃げと走塁放棄の判断にダートサークルを利用することになったため、日本のアマチュア野球では、全面が土の球場の場合、白線でサークルを描いて対応している（プロは審判員の判断で行えるとして描かない）。

走塁放棄はボールインプレイ

走塁放棄でアウトが宣告されても、ボールインプレイなので、他の走者についてはプレイは続く。

❶1アウト1塁で、同点の最終回。打者がサヨナラホームランを放った。1塁走者はホームランで自動的に勝利が決まったと思いこみ、2塁を回ったところでベンチの方に走り出してしまった。
→走塁を放棄した走者にはアウトが宣告される。打者は正しくホームインすればホームランは認められるのでサヨナラ勝ちは成立する。同じ状況で2アウトの場合は、走塁放棄で3アウトになるのでホームランは取り消しになる。これはアピールプレイではない。

❷3塁に滑り込んだ走者が、本当はセーフなのに、タッグアウトになったと勘違いして3塁ベンチの方に歩いて行ってしまった。
→審判員が、明らかに走塁を放棄したと認めるのに適当な距離を進んだと判断したらアウトを宣告する。ただし、2塁で同じ状況になった場合、1塁ベンチに戻ったのならすぐ判断できるが、3塁ベンチに向かい始めたら、3塁に進塁しようとしているのかもしれないから、判断を慎重にする必要がある。

　野球の試合が9イニング制になった当初、試合時間は1時間程度だったそうです。しかし、時代が進むとともにだんだんと長くなり、日米ともプロ野球では3時間を超える試合が珍しくなくなりました。ただし、実際にプレイが行われてボールが動いている時間は、今も昔も1試合の中で20〜30分ほどだそうです。長くなっているのはボールが動いていない時間なのです。

　野球は「間」のスポーツとも言われ、ただ単に試合時間が短ければいいというものではないという意見もあります。技術や戦術の発展もあり、もはや1時間で終わるゲームではなくなったということも事実でしょう。とはいえ、駆け引きのために作戦を伝えるサインが複雑化したり、投球ごとの時間が長くなったりすることが、本当に魅力的なことなのでしょうか。

　正直なところ、見るスポーツとしては3時間は長く感じられます。ですから、MLBでもNPBでも試合時間の短縮が大きなテーマとして掲げられていて、近年の規則改正にも大きく反映されています。打者の打席外しを制限する「バッタースボックスルール」の設定や、投手板からの三塁への偽投禁止、投手の投球間隔をタイマーで厳密に管理する「ピッチクロック」の導入などは、その代表例です。さらに、世界野球ソフトボール連盟（WBSC）主催の国際試合や、日本の社会人野球では7イニング制を積極的に導入することも行われ始めています。

　何かを変えることは賛否両論を呼びます。しかし、ダラダラと長い試合よりも、キビキビしたスピーディーな試合の方がずっといいのは間違いないでしょう。指導者もプレイヤーも意識を変える時期に来ています。

PART 6

反則行為
の
ルール

公認野球規則：「定義44」

妨害の基本

攻撃側、守備側、審判員、観衆の4種類

妨害には様々なケース
と処置がある

故意でも故意でなくても妨害は発生するので
正しい処置を知ることが大切

　妨害には、大きく分けて4種類あります。攻撃側の妨害、守備側の妨害、審判員の妨害、観衆の妨害です。

　妨害の種類によって、自動的にボールデッドになるものと、プレイを続けておいてから処置を決めるものとに分かれます。また、妨害を受けた側の不利益を取り除く処置も、ルールで自動的に決められているものと、審判員の判断に委ねられるものとに分かれます。

　故意に妨害をすることはもちろんいけませんが、故意でなくとも結果的に妨害をしてしまうこともあり、起こってしまった後の正しい考え方をしっかり理解しておきましょう。

攻撃側の妨害と帰塁

　攻撃側の妨害が発生した場合は、他のすべての走者は、妨害発生の瞬間にすでに占有していたと審判員が判断する塁まで戻らなければならない。ただし、打者走者が1塁に到達する前に妨害が発生した場合は、投手の投球当時に占有していた塁に戻る。

プレイの介在

　打者走者の1塁到達前の妨害の際は、投球当時の塁に戻るのが原則だが、妨害発生前にプレイが介在していたら、この原則は適用されない。
※従来からこのように運用されていたが、2014年改正で規則に明記された

（例1）**走者3塁から打者スクイズ。投手が捕球して3塁走者にタッグしようとしたが、あきらめて実際にはせず、直接1塁に送球したら打者走者がフェア地域側を走っていて守備を妨害した。**
→プレイが介在していないので、打者走者の1塁到達前の妨害として、打者はアウト、3塁走者を3塁に戻すので得点は取り消し。
（例2）**走者3塁から打者スクイズ。投手が捕球して本塁に送球したが、判定はセーフ。捕手は続けて1塁に送球したが、打者走者がフェア地域側を走っていて守備を妨害した。**
→プレイが介在したので、無死か1死のときは打者アウトでボールデッドになるが、その前の得点は認められる。2死後の場合は打者走者が1塁到達前に第3アウトになったので得点は認められない。

詳しくは…

攻撃側 の妨害	守備側 の妨害	本塁での 衝突	審判員 の妨害	観　衆 の妨害	球場入り 公認者 の妨害
156~169 **176~177** ページ参照	**152~155** **170~173** ページ参照	**174** **~175** ページ参照	**178** ページ 参照	**180** ページ 参照	**69** ページ 参照

公認野球規則：5.05(b)(3)　6.01(g)

打撃妨害

打撃を妨害されると打者は1塁に進める

捕手が前に出すぎて、スイングしたバットにミットで触れてしまうケースが大半

打撃妨害はとりあえずインプレイ
結果によって対処が変わる

　守備側の選手が打者の打撃を妨害したら、打者には安全に1塁が与えられます。キャッチャーミットとバットの接触が大半ですが、捕手が本塁より前に出て投球を捕ったり、バントシフトで前進していた内野手が投球をカットしてしまった例も過去にはあります。

　打撃妨害にもかかわらず打者が投球を打ち、攻撃側に有利な結果となるかもしれないので、打撃妨害はすぐにはボールデッドとせず、プレイの成り行きを見ます。打撃妨害による進塁には、監督の選択権が認められていて、やや複雑なルールです。154ページで詳しく説明しています。

打撃妨害の例

捕手が本塁より前に出て捕球する

打者が打とうとしたら、バットが捕手のミットに触れてしまうのが、打撃妨害で一番多いケース。それ以外には、捕手やその他の野手が本塁より前で投球をつかむケースも考えられる。

また、スクイズのときに、スクイズをさせない目的で打者の背後にウェストボールを投げるのは非スポーツマン的なので、下記のスクイズの際の打撃妨害（規則6.01(g)）を適用する。

打者の背後にウェストボールを投げる

スクイズや本盗時の打撃妨害は特別ルール

　3塁走者がスクイズやホームスチールで得点しようとしているときに打撃妨害が発生したら、ボールデッドとなって、打者及び塁上の全走者に1個の塁が与えられる。通常の打撃妨害と扱いが全く異なるので注意が必要。

　なお、投手は悪くなくても、進塁の便宜上、投手にボークが記録される。また、投球が正規でも不正規でも、打撃妨害が優先される。

公認野球規則：5.05(b)(3)

打撃妨害による進塁

監督に選択権がある

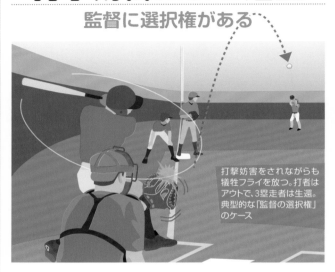

打撃妨害をされながらも
犠牲フライを放つ。打者は
アウトで、3塁走者は生還。
典型的な「監督の選択権」
のケース

打者と全走者が進めたかどうかで
対処が変わる

　打撃妨害が発生し、打者が打てなかったり、打球がファウルにな
ったりしたら、その時点でボールデッドになって、打者に1塁が与
えられます。押し出される走者も進めます。しかし、打撃妨害にも
かかわらず打者が打ち、プレイが続いた場合は、攻撃側に有利にな
るかどうかを見るためにインプレイとして流します。プレイを継続
した結果、打者および塁上の全走者が1個以上進塁したら妨害はな
かったことにします。一方、打者および走者のうち誰か1人でもアウ
トになったり進塁できなかったりしたら、打撃妨害として扱いま
すが、プレイの結果を生かすよう監督が申し出ることもできます。

打撃妨害による進塁

```
                    打撃妨害
```

打者、走者のうち誰か1人でも不利益を受ける（アウトになる、少なくとも1個進塁できない等）	打者、走者とも少なくとも1個以上進塁

```
打撃妨害を適用
打者を1塁に進め、押し出される
以外の全走者を元の塁に戻す
```

```
打撃妨害はなかっ
たことにしてプレ
イを続ける
```

監督が選択権を行使	監督が選択権を行使せず
プレイを生かしたいと申し出る	打撃妨害の処置のまま再開

```
プレイが終わったときの
状況に戻して再開
```

なぜ最初からプレイを生かさないのか

　例えば、左ページのイラストのケースで考えてみる。

　この場合、3塁走者は得点できたが、打者走者がアウトになっているので、打撃妨害の適用対象である。その際、審判の方から「得点できたからこっちにしますか？」などと監督にアドバイスし、監督がそうした場合に、例えば3塁走者のリタッチが早く、守備側がプレイ再開後にアピールしてアウトを得たら、攻撃側は審判のせいでアウトになったと感じるかもしれない。

　したがって、審判は中立な存在として無用な口出しをせず、規則通りまず打撃妨害の処置を行う。そうすれば攻撃側の監督は普通、得点できたのに走者が戻されることに疑問を感じて質問に来るので、その際に選択権があることを説明し、監督に自主的に選ばせるのがよい。

公認野球規則：6.03(a)(3)

打者による捕手への妨害

打者が捕手の送球や守備を妨害する

打者が何らかの動作で捕手の守備を妨害してしまったら、原則として打者アウトになる

故意であっても故意でなくても、
結果的に妨害になったら妨害をとられる

　バッターが、バッターボックスを出たり、その他何らかの動作によって本塁でのキャッチャーの守備を妨害したと認められたら、打者は妨害でアウト、走者も進塁は認められず元の塁に戻されます。一番典型的なのは、盗塁のときに打者が空振りしてバッターボックスを出て、捕手が塁に送球する動作を妨げてしまうケースです。

　このとき、もし打者が空振り三振だと、すでにアウトになっているので、守備妨害でアウトにすることができません。代わりに守備の対象であった走者をペナルティでアウトにします。盗塁の援護などと言って空振りしても何の得にもならないのでやめましょう。

盗塁と妨害の処置

 打者が妨害
球審「守備妨害！」

妨害にもかかわらず
送球してアウトにできた

妨害はなかったものと
してプレイを続ける

妨害されたので
・プレイができなくなった
・悪送球になった
・ランダウンプレイが始まった　等
（最初の送球でアウトにできなければ全て適用）

・審判員「タイム」
・審判員「守備妨害でアウト。走者は元の塁へ戻り
　なさい」
※打者が三振でアウトになっていたら守備の対象
　である走者をアウトにする（ダブルプレイ）
※打者が空振りしたスイングの余勢で、所持して
　いたバットが捕手または投球に接触した場合は
　打者の妨害とはしない（p158参照）

ポイント　打者の行為が故意かどうかにかかわらず、
　　　　　　結果的に妨害になったかどうかで判断する。

事例→打者が空振りの余勢でバッターボックスを出ても、結果的に捕手の
送球動作に影響がなかったと球審が判断すれば妨害はとらない。
　逆に、例えば捕手が3塁に送球しようとしたので打者が好意でバッター
ボックスを外したとしても、それが結果的に妨害になれば妨害をとられても
仕方ない。バッターボックスにいることは打者の権利でもあるので、余計
な動きをせずにじっとしていれば妨害と判断されることはない。

3塁走者が得点しようとしている場合

（例）1アウト走者1・3塁から2走者とも盗塁のスタート。捕手は2塁へ送球したが、
打者に妨害されて2塁に進んだ1塁走者をアウトにできなかった。
→普通なら打者アウトで2走者とも戻すところだが、この場合は3塁走者が得点し
ようとしているので、3塁走者をアウトにし、1塁走者を戻して打者打ちなおし。3塁
走者に対する守備だったかどうかは問われない。
※規則5.09(b)(8)の適用。p161参照

157

公認野球規則：6.03(a)(3)

バックスイングインターフェアランス
故意でなければ妨害としない

空振りの余勢で捕手を叩いてしまうというのは日本ではあまりなかったが、外国人選手はスイングが大きいので時々起こり、MLBなどでは実例も多い

打者が空振りしたバットが当たって
故意でなく捕手を妨害してしまった！

　打者が空振りしたスイングの余勢で、その所持するバットが捕手または投球に当たった場合は、審判員が故意ではないと判断すれば、打者の妨害とはしません。ただし、守備側に不利益が出ているので、ボールデッドにして走者の進塁も許さず、投球当時に戻します。これを「バックスイングインターフェアランス」といいます。

　ただし、バットが捕手やボールに触れたら即ボールデッドというわけではなく、現実に守備の妨害になったかどうかを審判員が判断して適用します。この場合は捕手の全ての守備行為が対象となります。接触があっても捕手の守備に影響がなければインプレイです。

事例と処置

	【事例】	【処置】
①	バットが捕手または投球に触れたがその後のプレイに支障がないケース	そのままプレイを続ける
②	バットが捕手または投球に触れたが捕手が構わずプレイして、たとえば塁上の走者をアウトにしたケース	プレイは有効であり、他の走者の進塁もOK
③	バットが捕手または投球に触れて、その後のプレイに支障をきたしたり、全く次のプレイに移れなかったケース	ボールデッドにして走者を戻す
④	打者が故意に捕手または投球にバットを触れさせて妨害したケース	打者は妨害でアウト。走者は戻る。妨害にもかかわらず最初の送球で走者をアウトにできれば妨害はなかったものとしてプレイを生かす

バックスイングインターフェアランスは、捕手の捕球動作だけでなく、送球など全ての守備行為が対象となる

シンプルになった適用解釈

バックスイングインターフェアランスを定めた公認野球規則6.03(a)(3)【原注】の本文は、2013年まで「自然の打撃動作によるスイングの余勢か振り戻し」「捕手がまだ確捕しない投球」といった細かすぎる表現が用いられていてかえって解釈に苦労していたので、2014年改正でシンプルな表現に改められて解釈がはっきりした。

公認野球規則：5.09(b)(8)　6.01(a)(1)(3)

スクイズと守備妨害

得点する3塁走者への守備は特別扱い

3塁走者が得点しようとしているときに、打者が本塁で守備を妨げたら、3塁走者がアウトになってしまう

守備妨害をした選手が「打者」か
「打者走者」か「アウトになっている」か

　ルールの原則的な考え方では、守備妨害が発生したら、その選手をアウトにして、もし別に守備の対象であった選手がいたら元の塁へ戻らせるのが基本的な対処です。しかし、得点しようとする3塁走者に対する守備は特別扱いになっています。もし、無死または一死で「打者」がこの守備を妨げてしまったら、守備の対象である3塁走者をアウトにする規定があります（二死では打者アウト）。

　通常このケースで考えられるのはスクイズとホームスチールですが、ここではスクイズを代表例として、いくつか検討してみます。ポイントは妨害した選手が「打者」か、そうでないかです。

公認野球規則 5.09(b)

次の場合、走者はアウトとなる。

(8) 無死または一死で、走者が得点しようとしたとき、打者が本塁における守備側のプレイを妨げた場合。二死であればインターフェアで打者がアウトとなり、得点は記録されない。

ケーススタディ！

　得点しようとする3塁走者に対する妨害は、次の3つに場合分けして考えるとよい。それぞれの選手の「資格」によって適用する規則が異なるからである。

❶打撃継続中の「打者」が妨害したケース

→打者の妨害なので、3塁走者アウト、打者打ち直し（二死後は打者アウト）

（例）打者が0ストライクか1ストライクでスクイズを空振り、本塁上に倒れこんでしまって捕手が守備できなかった

❷打撃終了後、「打者走者」になったときに妨害したケース

→走者の妨害なので、打者走者がアウト、3塁走者は戻る

（例）スクイズを失敗して空振り三振になったが、「振り逃げ」ができる状況で捕手の守備を妨害した

❸打撃終了後、「すでにアウトになった打者」が妨害したケース

→すでにアウトになった打者はそのままアウト、3塁走者も打者の妨害によるペナルティでアウト

（例）スクイズを失敗して空振り三振になったが、「振り逃げ」ができない状況で捕手の守備を妨害した

※3塁走者がただスタートを切っただけとか、スタートしたが思い直して戻ったような場合には適用しない

反則打球と守備妨害

　スクイズのときに反則打球が発生したときも、日本では長らくこの規定を適用し、得点しようとする3塁走者への守備妨害として、無死または一死では3塁走者をアウトにしてきた。しかし、2006年の規則改正で諸外国と解釈を統一し、守備を妨害する目的で故意に反則打球をしたのでない限り、スクイズのときの反則打球も原則どおり打者アウトとすることになった。

本塁周辺での接触

出会い頭は「ナッシング」

本塁前に打球が転がると、捕手と打者走者が接触しやすいので、特別ルールになっている

本塁周辺だけは打球に対する
守備優先の原則が適用されない

打球に対する内野手の最初の守備は何よりも優先されるのが野球のルールの原則ですが、本塁周辺だけは例外です。本塁周辺は、1塁に進もうとする打者走者と、守備をしようとする捕手が同じ方向に進むことになるので、接触が起こりやすく、出会い頭の接触はどちらの妨害でもないとすることになっています。このとき球審は「That's Nothing!」（「ナッシング」＝何もない、妨害ではない）とコールします。

ただし、打者、捕手ともに、故意に相手を妨害するようなことがあれば、それぞれ妨害をとられるので気をつけましょう。

ナッシング

球審は「ナッシング」を宣告

本塁前に転がった打球を捕手が捕ろうと前に出たところに、
1塁に行こうとした打者走者が接触

守備妨害

球審は「守備妨害」を宣告
（打者アウト）

本塁前に転がった打球を捕手が捕ろうと前に出たところを、
打者走者が故意にぶつかって妨害

走塁妨害

球審は「走塁妨害」を宣告
（打者に1塁を与える）

本塁前に転がった打球を捕手が捕ろうと前に出ながら、
打者走者を故意に押しのけて走塁を妨害

公認野球規則：5.09(b)(3)　6.01(a)

打球に対する守備を妨害

打球に対する守備は最優先される

走者が打球に対する野手の守備を妨害したら、即ボールデッドになって、その走者はアウトになる

走者が走路を走る権利より
打球を守備する権利の方が優先

　野球では、打球に対する野手の守備行為は、何よりも優先されます。ですから、走者（打者走者を含む）は、打球に対する守備を行っている野手を妨害してしまったら、故意であってもなくても即アウトになってしまいます。また、打球に対する守備には、打球処理直後の送球行為も含まれます。

　たとえば、セカンドゴロを捕球しようと構えている二塁手に、1塁から2塁に進もうとする走者が接触してしまった場合、守備妨害でアウトになります。この場合は、走者が走路を走る権利よりも、打球に対する守備の権利の方が優先するからです。

守備妨害の例

走者の走路上で、野手がゴロをさばこうとしている。走者は野手の守備を避けなければならない

走者は勢いを止められず、野手にぶつかってしまった。この瞬間、審判員によってタイムが宣告され、守備妨害で走者はアウトになる

※打球を処理する野手の守備行為すべてが対象になるので、ゴロでもフライでも守備優先

※ゴロの場合は妨害発生と同時に即ボールデッドでよいが、フライの場合はフェアかファウルで処理が変わってくるので即ボールデッドとはせず、結果を見定める必要がある。また、明らかにファウルの打球であれば妨害とはしない

妨害発生時の処置

　ボールデッドとなり、妨害した走者はアウト、他の走者は妨害発生時に占有していた塁に戻るのが原則。打者については下記の通り。

① **打球がフェアの場合**
　打者は1塁に進む。それにともなって押し出される走者がいれば同時に進む。

② **打球がファウルの場合**
　妨害発生時に0アウトまたは1アウトの場合は、ファウルとしてストライクをひとつ追加して打ち直しとする（フライの場合、現実に捕球したかどうかを問わずファウルとする）。2アウトの場合は、打者の打撃は完了したとみなされ、次の回の第1打者は次打者となる。

走者が塁を占有している場合

　走者が正規に占有した塁に触れている場合は、故意でなければ守備妨害とはしない。ただし、審判員によって故意と判断されたら、0アウトまたは1アウトではその走者と打者の両方がアウトになり、2アウト後では打者がアウトになる。

2人以上の野手が集まる

　打球に対して2人以上の野手が集まってきて守備をしようとしていて、その1人または2人以上の野手と走者が接触した場合は、誰がその打球を処理するのにもっともふさわしい野手かを審判員が決定し、その野手と接触したときに限って守備妨害とする。

公認野球規則：5.05(a)(4) 5.06(c)(6) 5.09(b)(7) 6.01(a)(11)

走者が打球に当たる

走者が打球に当たったら即アウト

走者がフェアの打球に触れれば故意でなくとも守備妨害としてアウトになるのが原則

一度守備した打球は除かれるが
走者はフェアの打球に当たればアウトが基本

走者がフェア地域で打球に直接触れたら、基本的に守備妨害でアウトだと考えてください。これは、野球では内野手が打球を処理する守備行為は第一に保護されるという原則に基づいた考え方です。

そのため、投手を含む内野手がいったん触れたあとの打球であれば、走者が当たってもアウトとはせずボールインプレイです。例えば内野手がはじいた打球が走者の方に飛んできて当たったような場合です。

また、内野手の股間を抜けたり、手を伸ばしたが取れなかったりした打球に野手の直後に当たっても、一度守備をしたとみなしてボールインプレイとします。

打者は記録上「ヒット」

走者に打球が当たったら即ボールデッドとなり、打者には自動的に安打が記録され、1塁が与えられる。押し出される走者がいればあわせて進塁する。それ以外の走者は投球当時の占有塁に戻る。

アウトにならない場合

原則としては走者が打球に当たるとアウトだが…

❶いったん内野手（投手を含む）に触れた打球に当たった場合

→ボールインプレイ

※ただしその打球を故意に蹴ったり、はじいた打球を守備しようとする野手の妨害をしたりすればアウトになる

❷打球が内野手（投手を含む）に触れないで股間または側方を通過し、野手の直後でその打球に当たった場合

→ボールインプレイ

※まだ他の野手に守備機会があると判断されればアウトになることもある

※野手の側方とは普通に手を伸ばして届く程度の範囲のことであり、ダイビングキャッチを試みたが手が届かなかったような打球は「側方を通過した」とみなさない

※故意に蹴るなどの妨害はもちろんアウト

❸ファウルボールに当たった場合

→フェアの打球とは異なり原則としてファウルとなる

※故意に当たれば守備妨害でアウト

色々なケース

●故意に蹴ったら

打球を故意に蹴った場合は適用規則が変わり、その走者だけでなく、打者走者もアウトになる。

●2人の走者が1つの打球に触れたら

最初に触れた1人だけがアウトになる。打球が走者に触れたとき、ただち

にボールデッドになるからである。

●塁に触れて反転したボール

内野手が守備をする前に塁に触れて反転した打球に走者が触れた場合、フェア地域ならアウトになるが、ファウル地域だった場合はアウトにはならずボールインプレイとする。

公認野球規則：5.09(a)(9)　6.01(a)(6)(7)(j)

故意の妨害

故意の妨害には重いペナルティを科す

明らかに併殺を防ぐために野手の送球を邪魔しようとしてバンザイしてスライディングしている

明らかに併殺を防ぐために走路を外れてスライディングしている

スポーツマン精神にのっとり
故意の妨害はしないようにしよう

　どんな妨害であれ、故意でなくても結果的に妨害が発生してしまうことはあります。しかし、明らかに故意に妨害を行ったと認められる場合には、重い罰則が適用されることが多いです。

　一例として、走者が打球に対する守備を妨害してしまった場合を考えてみましょう。妨害が故意でなかったと審判員が判断すれば、即ボールデッドとしてその走者をアウトにし、打者走者を1塁に進めます。しかし、併殺を防ごうとして故意に妨害したと審判員が判断すれば、その走者だけでなく打者走者もアウトにします。

　故意の妨害などせず、プレイはフェアに行いたいものです。

故意の妨害の例

併殺を防ごうとする

●**走者が明らかに併殺を防ごうとして打球を妨げたり、守備を妨害したりする**→その走者も打者走者もアウト

●**打者走者が明らかに併殺を防ごうとして打球を妨げたり、守備を妨害したりする**→打者走者がアウトになるとともに、どこで併殺が行われようとしていたかに関係なく、本塁に最も近い走者がアウト

「正しいスライディング」とは

　走者は併殺を成立させまいとして故意に野手に接触したり、接触しようとしたりすることがある。特にプロの世界では、ある程度の行為は技術のうちとされてきた部分もあるが、無用なケガを防ぐためMLBで2016年に「守備側が併殺を試みる塁に対する正しいスライディング」(bona fide slide)の基準が明文化された。

　①走者はベースに到達する前から先に地面に触れてスライディングを始める

　②走者は手や足でベースに到達しようとする

　③スライディング終了後は塁上にとどまろうとする(本塁は除く)

　④野手に接触しようとして走路を変更することなく、ベースに到達するよう滑る

　「正しいスライディング」をすれば、走者が野手に接触しても守備妨害にはならない。しかし、走者が故意に野手に接触した、または接触しようとしたと審判員が判断すれば、その走者だけでなく、打者走者にもアウトが宣告される。

　2017年改正で日本でも導入され、NPB一軍の試合ではリプレイ検証の対象となる。

近すぎるスライディングやジャンプするようなスライディングは守備妨害となる

プロでは身体の一部が届けばベースへのスライディングとみなされるが、ベースを通り越すようなスライディングは認められない

ロールブロック等、故意の接触や妨害は正しいスライディングではない

故意にファウルボールの進路を狂わせる

●**走者が、まだフェアかファウルか定まらないでファウル地域を転がっている打球の進路を故意に狂わせる**

→その走者がアウト、ボールデッドとなり他の走者は進塁できない

※故意でなく触れた場合はファウルになる

公認野球規則：6.01（h）（1）

走塁妨害①
直接プレイが行われているとき

ランダウンプレイ中にボールを持たない野手が走路をふさいでしまったら、タイプAの走塁妨害として1個の塁が与えられる
※イラストのケースは3塁に戻るときの妨害だが、与えられるのは本塁であることに注意

オブストラクションには
タイプAとタイプBの2種類がある

走塁妨害（オブストラクション）には2種類あります。

ひとつは、走塁を妨げられた走者に対して直接プレイが行われている場合で、この場合は即ボールデッドとなり、妨害を受けた走者は少なくとも1個の進塁が許されます。また、打者走者が1塁に達する前に妨害を受けた場合もこのタイプに含まれます。

これは、旧規則番号の7.06（a）に規定されていたため、「（a）項のオブストラクション」とか「タイプAのオブストラクション」などと呼ばれます。これに対し、走塁を妨害された走者に対してプレイが行われていなかった場合は（b）項で、次ページで説明します。

タイプＡの処置

```
走塁妨害発生
```

```
審判員「オブストラクション！」
即タイム、ボールデッド
```

```
妨害を受けた走者：少なくとも1個進塁
押し出される走者：あわせて進塁
その他の走者：審判員の判断で進塁
```

※打者走者の1塁到達前の妨害はタイプＡだが、例えば外野へのヒットのときにバックアップに走ったピッチャーと接触したような場合は、プレイとまったく無関係な妨害なのでタイプＢとする

捕手のブロック

捕手は、まさに送球を捕ろうとしているか、すでにボールを持っているときだけしか塁線上に位置することはできない。ボールがまだ来ないうちから走路をまたいで待ったり、捕手用具を利用して走路をふさいでおくようなことは絶対にしてはならない。
※175ページ参照

悪送球との関係

　走塁妨害が発生してから送球が行われ、悪送球となってボールデッドの個所に入っても、走塁妨害発生とともにボールデッドになるので考慮しない。それに対して、送球が野手の手を離れてからインフライトの状態にあるときに走塁妨害が発生し、送球がボールデッドの個所に入った場合は、悪送球による進塁の処置をする。
　（例）走者が2・3塁間で挟撃され、遊撃手が3塁方向に投げた送球がインフライトの間に、3塁へ向かおうとした走者が3塁手に走塁を妨害されたとき、送球がベンチに入った。この場合は走塁妨害のペナルティを適用せず、走者は本塁へ、他の走者も悪送球が遊撃手の手を離れた瞬間に占有していた塁を基準として2個の塁を与える。

公認野球規則：6.01(h)(2)

走塁妨害②
直接プレイが行われていないとき

プレイとは別のところで
走塁妨害が発生したら、
とりあえずプレイを続け
て、あとで処置をする

タイプBのときはプレイを流し
状況によって走者の不利益を取り除く

　前ページのタイプAと違って、プレイが行われている場所ではないところで走塁妨害が発生した場合は、妨害を見つけた審判員がその方向を指でポイントしながらオブストラクションの宣告だけしておき、プレイが一段落してからタイムをかけて処置を決めます。これは旧7.06(b)に規定されていたため、「(b)項のオブストラクション」とか「タイプBのオブストラクション」などと呼ばれます。

　タイプBはボールインプレイなので、審判員が適当と認めた進塁先よりも余分に進むこともできますが、アウトになっても自己責任となり、救済されないことがあるので注意が必要です。

タイプ B の処置

走塁妨害発生	→	審判員「オブストラクション!」タイムはかけず、ポイントするだけ	→	プレイが一段落 審判員「タイム」	→	審判員が適切と考える処置をする

※審判員が与えようと思った塁より余分に進んでアウトになった場合は、そのアウトは有効

ケーススタディ!

　走者2塁、打者が左前安打。左翼手は本塁に突入する2塁走者をアウトにしようと本塁へ送球した。そのとき、1塁を回った打者走者が1塁手とぶつかったので、審判員がポイントして走塁妨害を宣告した(タイプBでインプレイ)。ところが左翼手からの送球が捕手の頭を越す悪送球となったので、2塁走者は労せずホームインした。このとき…

❶打者走者が2塁にとどまった

→プレイがひと段落したらタイムをかけ、審判員の判断でそのまま2塁にとどめるか、妨害がなければもっと塁を進めたはずだと思えばさらに塁を与える。

❷打者走者が3塁を狙い、3塁でアウトになった

→タイムをかけ、審判員の判断で妨害によって与えられる塁は2塁が適当だと思えばアウトは成立(走者は賭けて余分な塁を狙ったことになる)、3塁が適当だと思えばアウトを取り消して3塁を与える。

❸打者走者が3塁を狙い、3塁でセーフになった

→審判員が本塁を与えるのが適当だと判断するのでない限り、3塁の占有が認められる。

※審判員の判断は、プロでは妨害を宣告した審判員が下すのが普通。アマチュアでは審判団で協議して決めるのが望ましい

走塁妨害と塁の空過

　塁を空過することと走塁妨害は関係ないので、走塁妨害による進塁処置は、塁を空過していることを考慮しないで行われる。走者は、自分が塁を空過したと思えば踏みなおせばよい。もし正しく踏み直さないで進塁し、守備側からアピールされればアウトになる。

　(例)**打者走者が長打を放ち、1塁を空過して進み、2塁を回ったところで走塁妨害を受けた。審判員は走者が3塁へ進めたと判断すれば3塁へ進塁することを指示するが、走者は1塁を踏み直してから改めて3塁へ進塁しないとアピールアウトになる。**

公認野球規則：6.01(i)

本塁での衝突プレイ
走者のタックルも捕手のブロックも禁止

捕手は本塁の前で送球を待ち構え、ボールを持ったミットや手だけでタッグするのが基本

捕手は必ず走路を空ける
走者はまっすぐ本塁に向かう

　本塁を守るために捕手が身体を張って走路を「ブロック」することと、対する走者が捕手に「タックル」することによる攻防が、野球界では長らく許容されてきました。

　しかし、他の塁では見られないそのような激しい衝突は本来ルール違反であり、ケガの危険を伴うものです。2013年には日本のアマチュア野球が内規で危険防止をうたい、2014年には米国オフィシャルルールズに本塁での衝突プレイ禁止が明記されました。さらに2016年には『公認野球規則』にも正式導入されてNPBでも本塁での衝突を避けることになりました。シンプルにフェアなプレイを心がけましょう。

走者はタックル禁止

　得点しようとしている走者は、最初から捕手（または本塁のカバーに来た投手を含む野手）にタックルしようとして走路を外れてはいけないし、走路上に捕手または投手がいるからといって最初から触塁する努力をせずに落球を誘うためのタックルをするようなこともしてはいけない。

　捕手には走路を空ける義務があるので、本来走者はまっすぐ本塁を目指せばよい。また、無用な衝突を回避するような走塁も必要である。

落球を誘おうとしてタックルしてはいけない

捕手はブロック禁止

本塁の前でも後ろでも走路をまたいで立たない

はじめからレッグガードで走路をふさいで送球を待ってはいけない

本塁の前で送球を受けても、タッグに行きながら膝を落としてブロックすることもいけない

　捕手（または本塁のカバーに来た投手を含む野手）はボールを持たずに、得点しようとしている走者の走路をブロックしてはいけない。また、ボールを持っているからといって、レッグガードや足で走路をふさぐことは、やはりしてはいけない。

　捕手（または本塁のカバーに来た投手を含む野手）がタッグプレイの際に他の野手からの送球を待ち構えるときは、本塁の前で走路を完全に空けて待つ。本塁をまたいで立っても走路は空いている形になるが、他の塁と違い本塁ではオーバースライドする走者と衝突する可能性が高いため、本塁をまたいで待つ形は避けるべきである。

　フォースプレイの際には足でベースを踏んで送球を待たなければならないので、衝突禁止ルールは適用されない。

衝突（コリジョン）プレイの処置

走者のタックル▶走者アウト。ボールデッドとなって、すべての他の走者は妨害発生時の占有塁に戻る。

捕手のブロック▶審判員が捕手のブロックと判断した場合、走者にはセーフが宣告される。衝突禁止ルールと走塁妨害とは異なるルールなので、この場合は原則としてボールインプレイである。MLBとNPB一軍の試合では衝突プレイのルールが適用されるかどうか、リプレイ映像による検証が行われる場合もある。

注1 捕手のブロックとは関係なく走者はアウトだっただろうと審判員が判断すれば走者にはアウトが宣告される

注2 送球の方向や軌道によって捕手が実際に守備しようとして、結果的に走路をふさいでしまった場合は違反とはみなされない

注3 日本のアマチュア野球では、アマチュア内規⑩により、捕手のブロックに対しては走塁妨害を厳格に適用することとしている。また、ブロックとは関係なく正規にアウトにできたとしても、ブロック行為に対して警告が行われる。

公認野球規則：6.01(a)(8)

ベースコーチの肉体的援助

援助されたランナーがアウトになる

走者に進塁や帰塁の指示
をするのがベースコーチの
仕事だが、身体をつかむな
どして援助してはいけない

身体やユニフォームをつかんで
ランナーを誘導してはダメ

　1塁または3塁のベースコーチが、ランナーに触れるか、支えるか
して、ランナーの帰塁や離塁を肉体的に援助したと審判員が認めた
場合、ベースコーチによる守備妨害として、そのランナーがアウト
になります。この際はボールデッドとなって、他の走者の進塁は認
められません。

　どのような行為が肉体的援助になるかは審判員の判断によります
が、例えば、進もうとするランナーを抱きとめたり、ユニフォーム
をつかんだりしてひきとめるとか、腕を引っ張って塁に戻らせよう
とする行為などが考えられます。

即ボールデッドにしない場合

　塁に複数の走者がいる場合、肉体的援助を受けたランナーに直接プレイが行われていれば即ボールデッドとしてよいが、プレイが別のところで行われていた場合には、即ボールデッドとすると守備側に不利益が生じる場合があるので、審判員は肉体的援助があったことだけ宣告しておき、全てのプレイが落ち着いてからタイムをかけ、適切な処置をとる。

　ただし、2アウト後の場合は、どんな状況であれ、それで3アウトになるので即アウトにすればよい。

ベースコーチ

ベースコーチが実際に走者の身体に触れて押し戻しているので違反行為。審判員は見つけたら違反を宣告して、まずポイントしておくとよい（必要ならその後タイムをかける）

　ルールの趣旨として、ボールインプレイ中にベースコーチがランナーに触れること自体を禁じているわけではない。過去にはアマチュア野球でホームランを打った打者とベースコーチがハイタッチをした行為を「肉体的援助である」としてアウトにした例があったが、これは誤った解釈である。

公認野球規則：5.06(c)(2)(6) 「定義44(c)」

審判員の妨害

守備の妨害では救済されることがある

捕手が送球しようとしたときに球審と接触すると、球審による守備妨害となる

球審が捕手の送球動作を妨害する場合と
塁審がフェアの打球に当たってしまう場合

　実際にプレイを行っている選手同士がお互いを妨害する以外に、審判員や、球場入り公認者、観衆がプレイの妨げになってしまう場合があります。ここではまず、審判員の妨害について説明します（球場入り公認者はp69、観衆はp180を参照）。

　審判員の妨害は、①球審が捕手の送球動作を妨げる場合、②塁審がフェアの打球に当たる場合の2つがあります。ただし、①の場合には、妨害にもかかわらず捕手の送球で直接その走者をアウトにできれば、妨害はなかったものとします。なお、審判員と選手が接触してしまった場合については規定がないので妨害とはしません。

審判員の妨害

❶球審が捕手の送球動作を妨害

ボールデッドとなって走者は戻る。妨害にもかかわらず、その送球で塁上の走者をアウトにできたときは、妨害はなかったものとしてプレイを続ける。

※悪送球になったり、ランダウンプレイが始まったりしたら、審判員は即「タイム」を宣告してプレイを止める

※捕手の送球動作には、投手への返球も含まれる

（例）走者1塁。走者が盗塁しようとスタートしたので、捕手は2塁へ送球しようとしたが、投げ手が球審のマスクに接触し、送球も悪送球となって外野へ転じてしまった。

→球審の守備妨害でボールデッド。走者を1塁に戻して再開

❷塁審が打球に当たる

【ケース1】フェア地域で、内野手が守備する前に当たる

→守備妨害でボールデッド。打者には記録上のヒットが与えられるため1塁へ。打者走者に押し出される以外の走者の進塁は認められない

【ケース2】フェア地域で、内野手を通過した後に当たる

→ボールインプレイ

【ケース3】ファウル地域で当たる

→ファウルボール

（例）走者2塁。打者はピッチャー返しでセンターへ抜けそうな鋭いゴロを放ったが、内野内に位置していた塁審に打球が当たってからセンター前に転がった。2塁走者は生還し、打者走者もその間に2塁に達していた。

→塁審の妨害でボールデッド。打者は1塁に戻し生還した2塁走者も2塁に戻す

公認野球規則：6.01(e)「定義44(d)」

観衆の妨害

観衆が競技場内でプレイを妨げる

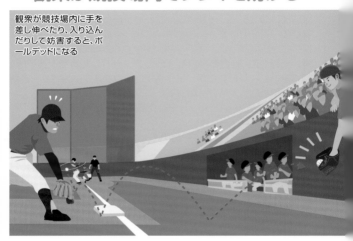

観衆が競技場内に手を差し伸べたり、入り込んだりして妨害すると、ボールデッドになる

野手がスタンドに手を差し伸べたときは
妨害されても仕方がない

　競技中、観衆がプレイの妨げになってしまうことがあります。本来、野球は囲いのある競技場の中で行われることになっているので、観衆による妨害は、大きくふたつに分けて考えることができます。

　ひとつは、野手がフェンスを越えて観衆の中に手を差し伸べたりした場合。これは、野手も危険を承知でプレイをしているという前提に立って考えるので、もし観衆が守備を妨害したとしても妨害は成立しません。しかし、観衆が競技場内に手を差し伸べたり、入り込んだりして妨害した場合は、観衆による妨害として即ボールデッドとなり、審判員の判断で適切な処置が取られます。

妨害発生時の処置

観衆の妨害

↓

即ボールデッド

↓

打球や送球に対する妨害	飛球を捕らえようとする野手を明らかに妨害
審判員の判断でもし妨害がなかったら競技はどのような状態になったかを判断して処置する	打者アウト

※観衆が競技場内に入ったり観客席から身を乗り出したり、または競技場内に物を投げ込んだりした場合、審判員は観客や物がボールやプレイヤーに触れたかどうかにかかわらず、実際に守備の妨げになったかどうかを判断基準にする

審判員のシグナル

妨害発生と同時に「タイム」を宣告（頭上に両手を上げる）。
続いて「観衆の妨害（Spectator's interference）」を宣告し、頭上で左手首を右手で握るシグナルをして、観衆の妨害があったことを知らせる

「タイム」　　「観衆の妨害」（左手首を右手で握る）

走者の進め方

　観衆の妨害については、審判員の判断によって再開する状況を決定する。決定に当たっては、打球の位置、走者の走力などを考慮して考える。
　（例）1アウト3塁。打者が外野深くフライを打った。観衆がそれを捕球しようとする野手を明らかに妨害したので、審判員は観衆の妨害によるアウトを宣告した。
→ボールデッドとなり、審判員の判断で処置が決まる。この場合、打球が深かったので、妨害されずに野手が捕球しても、捕球後に3塁走者は得点できたと判断すれば、審判員は3塁走者の得点を認め、得点1、2アウト走者なしで再開する。しかし、フライが浅く、本塁からの距離が短いので3塁走者が得点するチャンスはなかったと判断すれば、走者を3塁にとどめ、2アウト3塁で再開することもありうる。

公認野球規則：6.04(a)(b)(c)

競技中の禁止事項

フェアプレイの精神で試合に臨む

相手に悪口を言ったり、ひどいヤジを飛ばしたりすることなく、スポーツマン精神に則って試合に臨みたい

あまりにひどい場合や、審判の指示に
従わない場合は退場処分になることもある

　試合にたずさわっている、監督、選手、控え選手、コーチ、トレーナーその他の人は、観衆を騒ぎたたせるようあおったり、相手チーム、審判員、観衆に悪口を言ったり、暴言を吐いたりしてはいけません。また、審判員に故意に接触したり、言葉や動作で投手のボークを誘おうとしたり、野手が打者を惑わすのも禁止です。

　このようなことはスポーツマン精神に反するので、審判員によって退場が命じられ、競技場から除かれることもあります（退場処分についてはp184を参照）。

攻守とも、お互いに相手の邪魔をしない

ボールインプレイのときに"タイム"と叫ぶか、他の言葉または動作で明らかに投手にボークを行わせようと企てることは禁止。

また、野手が打者の目のつくところに位置して、スポーツマン精神に反する意図で故意に打者を惑わしてはならない。

打者の視界にわざと入って打ちづらくしようとしてはいけない

審判へのマナー

どんな形でも、審判員に悪口を言ったり、暴言を吐いたりしてはいけない。暴力をふるうことはもちろんいけないが、逆になれなれしい態度をとるのも禁止。審判員に話しかけたり、身体に故意に触れてはならない

退場処分

試合進行を妨げると退場になることもある

審判に異議を唱えること自体はある程度許容されるが、暴言や暴力行為があれば、即座に退場処分となる

監督・選手だけでなく
観客も退場になることがある

　試合進行の妨げになるような行為があれば、審判員はその人を試合から除き、競技場から退かせる権限を持っています。退場させるのは、監督や試合に出ている選手だけでなく、控え選手、コーチ、トレーナー、バットボーイなど多岐にわたります。プロ野球では、過去に観客や音響担当者が退場処分を受けた例もあります。

　また、審判の裁定には異議を唱えられないのが規則ですが、実際には多少の抗議、議論は許されています。しかし、度を超えてしつこく抗議したり、暴言や暴力行為等があれば退場になります。日本のプロ野球では監督の抗議時間は5分以内と決められています。

ベンチからの激しい不満

　ベンチにいる者が審判員の判定に対して激しい不満の態度を示した場合は、審判員はまず警告を発する。それでもこのような行為が継続された場合は、以下のような対処をする。

❶反則者が特定できる場合

→反則者を退場にする

❷反則者が特定できない場合

→控え選手全員をベンチから去らせる

　（監督は交代のときだけ必要な選手を呼び戻すことができる）

セ・リーグアグリーメント
第43条（退場の理由になる言動）

次に該当するものは、審判員によって試合から除かれる。

(1)監督、コーチまたは選手などベンチに入っているもの（以下、監督、コーチ、選手という）が、審判員に対して下品な言葉を遣って侮辱したとき。

(2)監督、コーチ、選手が審判員に対して手またはバットで押したり、突いたり、足でけったり、体当たりしたとき。

(3)監督、コーチ、選手が相手チームの監督、コーチまたは選手に対して下品な言葉を遣って侮辱したり、暴力を振ったとき。

公認野球規則 6.04(d)

　監督、プレーヤー、コーチまたはトレーナーは、試合から除かれた場合、ただちに競技場を去り、以後その試合にたずさわってはならない。

　試合から除かれた者はクラブハウス内にとどまっているか、ユニフォームをぬいで野球場構内から去るか、あるいはスタンドに座る場合には、自チームのベンチまたはブルペンから離れたところに席をとらなければならない。

【原注】出場停止処分中の監督、コーチ、プレーヤーは、ユニフォームを着てクラブの試合前の練習に参加することはかまわないが、試合中は、ユニフォームを着ることはできず、プレーヤーが試合にたずさわる場所から離れていなければならない。また、出場停止中の者は試合中、新聞記者席や放送室の中に入ることはできないが、スタンドから試合を見ることは許される。

スピードアップのために ❷

　2021年に開催された東京オリンピックで正式競技復活を果たした野球・ソフトボールですが、2024年のパリ大会では再び除外種目となっています。世界的な普及活動には、まだまだ困難が多いところです。

　世界的に見れば野球はマイナースポーツであり、野球先進国とされるアメリカや日本でも、その人気の衰えが指摘されています。不人気の理由として一番に挙げられるのが試合時間の長さです。また、試合時間が一定でない点も観戦しづらい理由のひとつのようです。野球に馴染みが薄い国々でもっと受け入れてもらうためには、スピードアップが不可欠だと言えます。

　その意味で、MLBで2023年に行われたピッチクロックの正式導入は、賛否両論あわせて大きな話題を呼びました。アマチュア野球ではすでに広く取り入れられていた「走者ありで20秒以内」という投球時間制限を採用したことや、牽制球の回数制限も設けられたことで、試合時間は大幅に短縮されました。2023年の平均試合時間は前年より20分以上短縮され、懸案だった3時間の壁を大幅に下回る2時間40分となりました。これは画期的なことです。走者なしでは規則通りの「12秒以内」ではなく「15秒以内」の運用でしたが、ピッチクロックによって投球間隔の時間が可視化され、捕手や打者が構える時間までもが制限されたことが、意識改革につながったと言えるでしょう。

　ピッチクロックや牽制球の回数制限はMLBでの運用にとどまり、OBRの改正には至らなかったため、NPBでは導入を見送っています。しかし、社会人野球では2023年からMLBに近い形でピッチクロックや牽制球の回数制限を試行して、かなりの成果を上げています。日本でも今後ますます広がる可能性は大いにあるでしょう。

　これらの改革は、従来の野球観を変えるものとして否定的に受け止められることもあります。しかし、1・2・3塁のベースバッグの大きさの拡大や、内野手が極端なシフトを取ることを禁止するルールの導入など、MLBは新たな施策を次々に打ち出し、競技の魅力を向上させることに努めています。野球はその歴史の中で常に進化を続けてきました。私たちは、古き良き時代を大切にする精神と、時代の流れに対応する精神の両方を兼ね備えなければならないでしょう。

PART 7

ピッチャー
の
ルール

投手の定義

投手板に触れると「投手」になる

投手は、打者に面して投手板に触れて立ち、サインを交換したり準備動作をしたりして、打者に投球する

同じ選手が「投手」になったり 「野手」になったりする

　投手は、他の野手とは扱いが異なる、特別な存在です。投手がボールを持って投手板に触れて立たないと、試合が始まりません。

　投手板に触れている投手は、まさに「投手」としてふるまう必要があり、基本的には打者に投球して試合を進行しなければなりません。しかし、投手板に触れていないときは「野手」として扱われますので、たとえ本塁にボールを投げても、それは「投球」ではなく「送球」です。「悪送球」がボールデッド地域に入ったら走者に2個の安全進塁権が与えられますが、「暴投」がボールデッド地域に入ったら1個の安全進塁権となります。

野球
規則

公認野球規則 5.07

(e)投手が、その軸足を投手板の後方に外したときは、内野手とみなされる。したがって、その後、塁に送球したボールが悪送球となった場合には、他の内野手による悪送球と同様に取り扱われる。

【原注】投手は、投手板を離れているときならば、意のままに走者のいる塁ならどの塁に送球してもよいが、もしその送球が悪送球となれば、その送球は内野手の送球とみなされ、その後の処置は、野手の送球に関する規則が適用される。

軸足は、軸足から先に、投手板の後ろに外さないといけない。正しく外さないと、走者がいるときはボークとなる

12秒ルール

　塁に走者がいないときは、投手はボールを受けた後12秒以内に投球しなければならない。違反すると「ボール」が宣告される。

※12秒は、投手がボールを所持し、打者がバッターボックスに入って投手に面したときから計測する

●スピードアップのため、投手はボールを受けたらすみやかに投手板につかなければならないし、打者もバッターボックスにすみやかに入るようにしなければいけない

●アマチュア野球の試合では、走者がいるときも20秒以内に投げなければいけないというルールを定めていることが多い（MLBは走者なし15秒以内、走者あり18秒以内）

●日本のプロ野球では、12秒を15秒と置き換えて適用している

●計測は塁審がストップウォッチで行う場合と、場内表示による場合がある

公認野球規則：5.07

投球姿勢

ワインドアップとセットの2つ

ワインドアップポジション（左）とセットポジション（右）を随時使い分けて投球する

ワインドアップは自由度が高い
セットは制約が色々とある

投手は、投手板に触れて打者に投球するに際して、「ワインドアップポジション」と「セットポジション」の2つの投球姿勢を用いることができます。この2つは、いつでも、どちらでも用いることができます。

また、捕手からのサインを見るときは、必ず投手板に触れて見なければならず、サインを見るたびに投手板を外すことも許されません。そして、打者の不意をついたり、打撃姿勢が整わないうちに投球する「クイックリターンピッチ」は、大変危険なのでしてはいけません。

牽制球
けんせいきゅう

投球動作を始めたら中断したり変更したりしないで投球を完了しなければならないが、投球動作を始める前なら、準備動作の間も含めて、いつでも走者のいる塁に送球することができる。

※投手板についているときは、塁に送球する前に自由な足を直接その方向に踏み出さなければならない

投球動作とは

ワインドアップポジション

サインを見終わって、振りかぶったり、自由な足を一歩後ろに引いたりしたら、打者に投球しなければいけない

セットポジション

完全に静止した後、自由な足を地面から離し、合わせていた両手を離して打者に向かって投げ始めたら、最後まで投球しなければならない

公認野球規則：5.07（a）（1）

ワインドアップポジション

自由な足の置き場は完全にフリー

「ワインドアップポジション」とはいうものの、腕は振りかぶっても（ワインドアップ）、振りかぶらなくても（ノーワインドアップ）どちらでもいい

振りかぶるかどうかが問題ではなく
足の運び方がポイント

　「ワインドアップ」というのは、両腕を振りかぶるという意味ですが、両腕を振りかぶらないで投げる「ノーワインドアップ」という投法も、ワインドアップポジションの一種です。

　「ワインドアップポジション」というのは、腕を振りかぶるか振りかぶらないかが問題ではなく、足の置き方にポイントがあります。セットポジションの際には軸足でない方の足（自由な足）を投手板より前に置かなければなりませんが、ワインドアップポジションにはその制限はありません。ワインドアップポジションでは、軸足が投手板に触れていれば、自由な足の置き場所は完全にフリーです。

ワインドアップポジションでの投球

- ●軸足を投手板に触れ、打者に面して立つ。自由な足の置き場所には原則として制限はない
  - ※日本のアマチュア野球に限り自由な足の全部を投手板の前に置くことを禁止していた規則は2022年に廃止された
- ●投球する前に自由な足を一歩後方に引くこともできる
- ●腕は振りかぶっても（ワインドアップ）、振りかぶらなくても（ノーワインドアップ）どちらでもいい
- ●サインを見るときは両手を下げていてもいいし、はじめから身体の前で合わせていてもいい。しかし、両手を合わせるときに両腕を大きくスイングすると、投球動作を開始したものとみなされることがあるので注意が必要
- ●この姿勢から、
  - ①打者に投球する　②塁に踏み出して送球する　③投手板を外すのいずれかの動作が許される
  - ※足の置き方の詳細についてはp196を参照

公認野球規則：5.07(a)(2)

セットポジション

一度完全に静止してから投げる

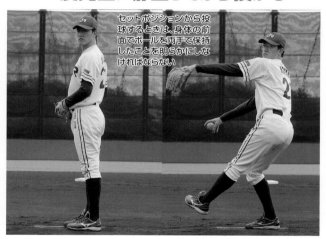

セットポジションから投球するときは、身体の前面でボールを両手で保持したことを明らかにしなければならない

セットは完全静止のほか
厳しい制約がいくつかある

　ワインドアップポジションと違い、セットポジションの足の置き方には制限があります。軸足は投手板に触れていればどこに置いてもかまいませんが、自由な足は必ず投手板より前に置かなければなりません。また、投げる前に一歩後ろに引くことも許されません。

　さらに、セットポジションには大きな制約があります。セットポジションをとる前には、必ず片方の手を下におろして身体につけておかなければならず、そこから中断することなく一連の動作でボールを両手で身体の前方に保持し、投球する前に完全に静止しなければなりません。走者がいるときに違反があるとボークになります。

セットポジションでの投球

サインを見るときは必ず
片方の手を下におろして
身体の横につける

- ●軸足を投手板に触れ、打者に面して立つ。自由な足は投手板の前方に置く
- ●サインを見る姿勢から、中断することなく一連の動作でセットポジションを完了する
- ●腕を大きく動かす"ストレッチ"をして両手を合わせることもできる。ストレッチを始めたら、投手板を正しく外さない限り、一度セットを完了しなければならない。ストレッチを途中でやめるとボークになる
- ●ストレッチに続いて両手を身体の前方で合わせたら、投球する前に必ず完全に静止しなければならない。走者がいるとき完全静止を怠るとボークになる

※走者がいないときは、完全静止をする必要はない。日本のアマチュア野球に限り走者なしでも完全静止を要求していた規則は2022年に廃止された

- ●この姿勢から、
  ①打者に投球する　②塁に踏み出して送球する　③投手板を外す
  のいずれかの動作が許される　※足の置き方の詳細についてはp196を参照

公認野球規則：5.07

投手の足の置き方

軸足は投手板に触れていればどこでもいい

ワインドアップポジション
【右投手の場合】

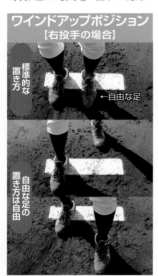

標準的な置き方

←自由な足

自由な足の置き方は自由

軸足は投手板に触れていればどこでもいい。自由な足もどこに置いてもいい

セットポジション
【右投手の場合】

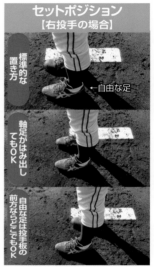

標準的な置き方

←自由な足

軸足がはみ出してもOK

自由な足は投手板の前方ならどこでもOK

軸足は投手板に触れていればどこでもいい。自由な足は投手板の前方に置く

ワインドアップとセットの見分けについて

　ワインドアップポジションでは自由な足の置き場に制約がないので、自由な足を完全に投手板の前に置くと、投球動作を始めるまでワインドアップなのかセットなのか区別がつかない。そこで、塁に走者がいるときに「軸足を投手板に平行に触れて自由な足を投手板の前に置いた場合」はセットポジションとみなすことになっている。米国オフィシャルルール（OBR）では、軸足を投手板と平行に置くセットポジションの姿勢でも、投手が投球前に申告すればワインドアップで投球できることになっているが、日本では採用されていない。

準備投球

時間や球数の制限は内規で決まる

アマチュア野球で球数制限をする場合は、最初に7球、それ以降は4球とか3球といったやり方をする団体が多い

かつては「1分以内8球以内」だったが
現在は時間も球数も制限がない

　ピッチャーは、各イニングのはじめや、他の投手を救援するために新しくマウンドに上がった際には、キャッチャーを相手に準備投球をすることができます。以前は規則で「1分以内、8球以内」という制限が設けられていて、さらに各団体が内規で「7球以内」「5球以内」などと定めていました。

　しかし、2019年の改正で時間と球数の制限がなくなったため、たとえば社会人野球や大学野球では規則通りの球数無制限と独自の時間制限を併用しています。NPBは従来通りいつでも5球以内です。また、突然の事故で急遽登板することになった投手には、球審の判断で必要と思われる数の投球が許されます。

公認野球規則：6.02(c)

投手の禁止事項

打者とフェアに対戦するための決まり

打者を狙って投げることは非スポーツマン的であり、絶対にしてはならない。特に頭を狙って投げることは大変危険であり、決して許されない

バッターを狙って投げる「危険球」は絶対禁止
ボールへの加工や異物の所持も許されない

　ピッチャーはフィールドの中で特別な存在であるだけに、様々な制約があります。そこには野球競技の根本となる、ピッチャーとバッターの対戦を、できるだけフェアにする目的があります。

　この項では、特に禁止事項として明記されていることを確認します。一番重要なのはバッターを狙って投げる「危険球」の禁止です。遺恨によるぶつけ合いを防ぐためにも審判員のゲームコントロールが要求されます。もうひとつ重要なのはボールへの加工の禁止です。ボールに加工すると投球が異常な変化をするため、投手は一切の異物を所持することも禁じられています。ハンカチすら持てません。

危険球

　打者を狙って投球することは危険なので絶対にしてはならない。打者を狙った投球は何らかの報復行為であることが多いので、審判員は規則を厳格に適用し、退場処分や警告処分によってゲームをコントロールしていく必要がある。

ペナルティ

❶その投手、またはその投手とそのチームの監督を退場にする（監督を一緒に退場にするのは、危険球が監督からの指示であると考えられる場合）

❷その投手と両チームの監督に、再び危険球があったら、そのときの投手と監督を退場にすると警告する

※即退場にするか警告試合にするかは、試合の状況や危険球の度合いを見て審判員が判断する

※警告は、試合中だけでなく試合前にもできる。これは同一カードで翌日にも遺恨を残すようなケースを想定している

※米国のプロ野球では、危険球に対する警告は球審が両ベンチを指さすシグナルで行われる。日本のプロ野球では、球審または責任審判が場内放送して発表する

※審判員が発した警告に対し、チームのメンバーが抗議したり不満を述べたりするためにグラウンドに出ることは禁止されている。監督、コーチまたはプレイヤーが抗議のためにダッグアウトまたは自分の場所を離れれば警告が行われ、警告にもかかわらずさらに本塁に近づけば退場となる

セ・リーグアグリーメント
第38条（リーグの特例）

(10)（投手の退場）投手の投球が打者の顔面、頭部、ヘルメット等に直接当たり、審判員がその投球を危険球と判断したとき、その投手は試合から除かれる。頭部に直接当たった場合でも、審判員がその投球を危険球とまではいえないと判断したときは、警告を発し、その後どの投手であろうと再び頭部に当たる投球を行ったときは退場とする。危険球とは、打者の選手生命に影響を与える、と審判員が判断したものをいう。
【注】頭部付近の投球により危険球退場が宣告された場合、それ以降は責任審判の判断により警告試合とする場合もある。警告試合が宣告された場合、その後の全ての死球を退場とするものではなく、故意性や悪質性が無いと審判員が判断すれば退場処分にはならない。また、危険球以外の理由によって試合途中に警告試合が宣告された場合も同様である。なお、予め警告試合として試合を開始した場合は、死球の程度によらず自動的に退場とする。

2度目のステップを踏むことの禁止

　投手が投球する際、どちらの足も本塁方向に2度目のステップを踏むことは許されない。これは、過去に2度目のステップを踏むことによって軸足をリセットし、少しでも打者に近づいて投げようとした投手がいたり、投球動作に入って自由な足を一度大きく上げ、その足をそのまま下におろして地面につけ、それから再び大きく上げて投球した投手がいたりしたことに対する制限である。「2度目のステップ」に関する違反があった場合は、走者がいればボーク、走者がいないときは反則投球となる。

投手の遅延行為

　打者がバッターボックスにいるとき、捕手以外の野手に送球して故意に試合を遅延させることは禁止（走者をアウトにしようとする送球は除く）。投手が捕手のサインを投手板から離れて受けることは試合の遅延につながるので、投手板に触れてサイン交換するようにしなければならない。
ペナルティ **1度警告を発して、改善されなければその投手を退場させる。**

※日本のアマチュア野球では退場とはせず、遅延行為が繰り返されたらボールを宣告する

投球する手を口または唇につける

　乾燥を防ぐ目的で投球する手をなめる行為は、ボールや投手板に触れる前なら、なめた手をきちんと拭けば許される。投手板に触れているときに手をなめることは許されない。

寒い日の試合前に両監督の同意があれば、手に息を吹きかけることは認められる

ボールへの加工は禁止

　ボールに異物を付着させたり傷をつけたりすると、投球時に異常な変化をさせることができるので、規則ではこのような投球はアンフェアな行為であるとして禁止している。

ボールに加工する例
❶**スピットボール**……ボールに唾液をつける
❷**マッドボール**……ボールに泥をつける
❸**シャインボール**……ボールをつるつるにする
❹**エメリーボール**……ボールに傷をつけたり、表面をザラザラにする

異物の所持の禁止

　違反ボールを投げるために、小さな刃物、紙やすり、ワセリンなどを隠し持ったり、ユニフォームやタオルに油をしみこませたりする手口があり、昔のメジャーリーグには違反投球の名物投手もいた。現在ではそのような違反は減っているが、それでも時々見つかることがある。

　このような違反を防ぐため、投手だけはいかなる異物も所持してはならないと定められ、ボールを素手以外の着衣等でこすることも禁止

されている。2015年改正では、投手はいずれの手、指または手首に何もつけてはならないということも追加された。これは救急ばんそうこう、テープ、瞬間接着剤、ブレスレットなどを想定している。

※日本では各団体の規定に従ってください。たとえば NPBではドレスコードにより投手が利き腕以外に健康ネックレスやブレスレットをつけることを許容しています

ボール加工に対するペナルティ

投球前に手を口または唇につけた場合

❶球審はただちにボールを交換させ投手に警告を発する

❷さらに違反するとボールが宣告される

❸違反の宣告にもかかわらず投手が投球し、打者が安打・失策・死球その他で1塁に達し、かつ塁上の走者もアウトにならなかった（次塁に達するか元の塁にとどまるか）場合はプレイを生かす

※日本のアマチュア野球ではその都度警告してボールを交換させるにとどめる

ボールを実際に加工したり異物所持が見つかったりした場合

❶投手は即退場となり出場停止処分が科される

❷違反にもかかわらずプレイが続けられた場合は、そのプレイを生かすかどうか監督に選択権がある。ただし、打者が安打・失策・四球・死球その他で1塁に達し、かつ塁上の走者もアウトにならなかった（次塁に達するか元の塁にとどまるか）場合はプレイを生かす

※ボールやグラブに唾液をつけたり、ボールを着衣でこすったりする行為が、投球の変化を意図したものではないと球審が判断すれば、警告にとどめることもできる

※日本のアマチュア野球では即退場とはせず、1度警告を発して、それでも改善されなければ退場とする

公認野球規則：6.01(g)　6.02(a)

ボーク

走者がいるときの、投手の違反行為

投手板に触れている投手が塁へ送球するときに正しく踏み出さないボークは、かなりよく起こるので注意

ピッチャーに関連する規定が12項目
キャッチャーに関連する項目が2項目

　ピッチャーは、なんとかランナーを先の塁に進めまいと色々工夫をします。その工夫の度が過ぎてしまって、ピッチャーがランナーを騙そうとしていると判断されるのが「ボーク」です。

　ボークルールは規則6.02(a)に、(1)項から(13)項まで13項目も定められています。また、6.01(g)規定のキャッチャーによる打撃妨害のときにもボークが科されます。ですから、全部で14項目の規定があることになります。

　フェアかアンフェアかということについては絶えず議論が起こり、その長年の積み重ねが14項目に凝縮されていると言えます。

ボークが発生した場合の処置

❶ボークをしたが送球も投球もしていない場合

| 【違反動作】 | ←審判 "That's a balk!"（「ボーク！」）|

↓

| 即タイム（ボールデッド）| ←審判「タイム！」|

↓

| 塁上の全走者が1個ずつ進塁　打者は打ち直し |

❷ボークとして、そのまま送球した場合

| 【違反動作】 | ←審判 "That's a balk!"（「ボーク！」）|

そのまま送球

| 野手が捕球 | | 悪送球 | ←審判は即タイムを
かけずに様子を見る |

↓

| タイム
（ボールデッド）| | プレイが落着するまで続ける　落着したらタイム |

↓

| 塁上の全走者が1個ずつ
進塁
打者は打ち直し | | 塁上の全走者が1個ずつ進むのが原則
1個進めずにアウトになったらアウト取り消し
1個より多く進んだ走者はセーフになっていれ
ば、その塁まで進塁できる。アウトになっても
自己責任でアウトは有効。
打者は打ち直し |

❸ボークをして、そのまま投球した場合

| 【違反動作】 | ←審判 "That's a balk!"（「ボーク！」）|

そのまま送球

| 捕手が捕球 | 捕手が後逸 | 打者が打つ |

↓

| タイム
（ボールデッド）| プレイが落着するまで
続ける
落着したらタイム | 打撃の結果を見る
打者を含む全走者が1
個以上進塁すればボー
ク取り消し |

↓

| 塁上の全走者が1個ず
つ進塁　打者はノーカ
ウントで打ち直し
※ボークの投球が四死
球にあたり、全走者が
押し出される状態のと
きは、四死球を記録し
てボークを取り消し | ②の悪送球のときと
同じ | 誰か1人でもアウトに
なったり、進塁できな
かったらボーク適用で、
全走者が1個ずつ進塁。
打者打ち直し |

ボーク①投球動作の中断

　投球に関連する動作を開始してから、途中でやめるとボーク。ワインドアップなら、振りかぶったり、自由な足を一歩後ろに引いたりすると、もう中断できない。セットならストレッチに入ったらもう中断できない。ただし、実際に投球する前に、軸足を投手板から外せば中断できる。

セットポジションで起こりがちなのが、サインを交換した後、ストレッチに入ろうとした投手が、もう一度サインを見る姿勢に戻ってしまうケース

自由な足が投手板の後縁を越えたら、2塁に送球（または偽投）する以外は、打者に投球しなければならない（ここから1塁や3塁に送球すればボーク）

ボーク②１塁と３塁への偽投

投手板に触れている投手が、1塁または3塁へ投げるまねだけして実際には投げなかったらボーク（2014年改正）。
※2塁へは、直接塁の方向に足を踏み出せば偽投できる。また、投手板を正しく外せば、どの塁にでも、ステップしなくても偽投できるが、打者にだけは偽投は許されない

2013年までは1塁のみ偽投が禁止されていたが、2014年から1塁に加えて3塁も禁止となった

ボーク③走者のいない塁へ投げる

ただ単に走者のいない塁へ投げればボークだが、例えば走者の盗塁を察知して、その行き先の塁へ投げるようなことは構わない

投手板に触れている投手が、走者のいない塁へ送球したり、偽投したりするとボーク。ただし、プレイの必要があれば差し支えない。必要なプレイかどうかは、走者がその塁に進もうとしたか、あるいはその意図が見られたかどうかで審判員が判断する。
※投手板に触れていなくても、走者のいない塁へ投げたり偽投したりすれば遅延行為でボークとする

ボーク④塁の方向に正しく踏み出さない

　投手板に触れている投手は、塁に送球する前には自由な足を直接その方向に踏み出さなければいけない。

※「踏み出す」とは、投手の動き全体から判断されるので、何cmとか角度が何度とかいう基準はないが、投手が走者をだますためにきちんと踏み出していないと審判員が判断するとボークとなる

右投手が1塁に投げる例

正しく1塁の方に踏み出している

その場で回転させているだけで、踏み出しているとはいえない

左投手が1塁に投げる例

正しく1塁の方に踏み出している

打者の方に踏み出しながら1塁に投げて走者をだましている

ボーク⑤反則投球

　塁に走者がいるときに反則投球があればボーク。反則投球とは、投手が投手板に触れないで投球することと、クイックリターンピッチの2つである。

※塁に走者がいないときの反則投球は「ボール」

走者がいるときにクイックピッチをするとボーク。クイックピッチは危険なのでしてはいけない

投手板に触れないで投球するのは反則投球

ボーク⑥投手板に触れないで投球動作をする

　投手板に触れないで投球に関連する動作をするとボーク。

投手板をまたいでストレッチを始めているのでボーク

ボーク⑦打者に正対しないで投げる

投手が打者に正対しないうちに投球するとボーク。

打者をだまそうとして、打者に
正対しないで投球することは
危険なのでしてはいけない

ボーク⑧ボールを持たないで投手板に立つ

投手がボールを持たないで投手板に立つか、投手板をまたいで立つか、投手板を離れていても投球するまねをした場合はボーク。

主に隠し球のときに
起こりうるケース

ボーク⑨ボールから片方の手を離す

　投手が、実際に投球するか塁に送球する以外で、ボールから一方の手を離すとボーク。

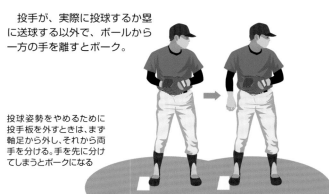

投球姿勢をやめるために投手板を外すときは、まず軸足から外し、それから両手を分ける。手を先に分けてしまうとボークになる

ボーク⑩投手板に触れてボールを落とす

　投手板に触れている投手が、故意であろうと偶然であろうと、ボールを落とした場合はボーク。
※走者がいないときは、落としたボールが結果的にファウルラインを越えれば投球とみなして「ボール」、越えなければノーカウントになる

走者がいるときは、ボールを落としたら即ボーク

ボーク⑪完全静止を怠る

セットポジションから投球する際に、完全に静止しないで投球した場合はボーク。

ボークの中で、一番多いのがこの「ノンストップ」のボーク

よくあるノンストップの例

・両手をゆっくり合わせながら動かし続け、結局完全静止しないで投球する
・合わせた両手はピタリと止まっているが、手を合わせたと同時に足を上げたりしていて、身体全体が完全静止しているとは言えない投球動作
・一度両手を合わせて静止してから、再度別の場所で合わせなおして投球する（ダブルセット）

ボーク⑫遅延行為

投手が不必要に試合を遅延させた場合はボーク。
※日本のアマチュア野球では「走者がリードしていないのに、投手が打者のタイミングを外す目的で塁に山なりの送球をすることは牽制球とは認めがたい」という解釈で、そのような牽制球に遅延行為のボークを適用することがある

ボーク⑬故意四球時のキャッチャーボーク

故意四球が企図されたときに、投手がキャッチャースボックスの外にいる捕手に投球した場合はボーク。故意四球を企図して捕手が完全に立ち上がったときだけこの規則が適用されるので、捕手は投球が投手の手を離れるまで、両足を完全にキャッチャースボックスの中に入れておかなければならない。

捕手が完全に立ち上がったときだけこの規則が適用される。普通に構えているときや中腰のときは足が出ていてもボークではない

ボーク⑭スクイズや本盗時の打撃妨害

3塁走者がスクイズや本盗によって得点しようとしているときに打撃妨害が発生したら、投手にボークが科されて塁上の全走者が1個ずつ進む。p153参照。

唯一、規則6.02（a）に記載されていない特別なボーク

公認野球規則：5.10（f）（g）（h）（i）

投手の投球義務

原則として1人以上の打者に投げる

投手として出場したら、最低でも1人の打者に投げ切らないと試合から退くことはできないのが原則

原則を守ることが大切なので
間違えても投球前なら訂正できる

　先発投手も救援投手も、原則としてその第1打者が打撃を完了するまで投球する義務があり、途中で交代することは許されません。打撃が完了するまでとは、その打者または代打者がアウトになるか1塁に達するまでということです。例外として、救援投手の場合に限り、打者が打撃を完了する前でも何らかの理由で攻守交代になれば義務を果たしたことになります。また、その投手が負傷か病気のために投球が不可能になったと球審が認めた場合は交代できます。

　審判員は、交代できないピッチャーが交代しようとしたら、正しく規則を適用するよう、元のピッチャーが戻るよう命じます。

誤って新しい投手が登場してしまったら

　たとえ審判員が見過ごして監督の交代通告を受けてしまったり、新しい投手が場内発表されたりしても、とにかく投球する前なら正しい状態に戻すことができる。もし打者に一球を投じてしまったり、塁上の走者をアウトにしたりすれば、その誤った投手が正当化されて、以後のプレイはすべて有効となる。

継続して登板する投手の義務

　悪質な時間稼ぎを防ぐため、2013年と2014年の改正によって、継続して登板する投手にも投球義務が追加された。イニング終了後に、出場中の投手がベンチから出てファウルラインを越えたら（走者になっていて塁上からマウンドに向かった場合は投手板に触れたら）、その回の第1打者が打撃を完了するまで投球する義務がある。

スリーバッターミニマム（打者3人への投球義務）

　2020年からMLBでは従来の「打者1人」ではなく「連続する打者3人」に投球する義務に変更になった。2023年現在、日本での導入は見送られている。

ケーススタディ！

　（例1）**1回表、先発投手のコントロールが定まらず、先頭打者に立て続けにボール球を投げてカウント3ボール0ストライクになったところで、怒った守備側の監督が投手交代を告げた。**
→打者1人に投げ終わっていないので交代できない

　（例2）**1回表、打者一巡の猛攻を見せた打線に安心した攻撃側の監督が、9番打者の先発投手に代打を通告した。**
→まだマウンドにも上がっていないので、先発投手は交代できない

　（例3）**2アウト2塁のとき、投手交代があった。救援投手のコントロールが定まらず、最初の打者に立て続けにボール球を投げてカウント3ボール0ストライクになったところで、怒った守備側の監督が投手交代を告げた。**
→打者1人に投げ終わっていないので交代できない

　（例4）**2アウト2塁のとき、投手交代があった。救援投手は最初の打者への投球中に、2塁走者を牽制球でアウトにした。**
→投球義務を果たしたことになり、次の回のはじめから交代することができる

「代打の代打」はできるが「救援の救援」はすぐはできない

　投手交代と代打の駆け引きで、代打を告げた後で投手交代があり、その投手を見てさらに代打を出すということは許されるが、その代打を見てさらに投手を交代することは、投球義務を果たしていないのでできない。

公認野球規則：5.10(I)

投手交代のルール
監督・コーチがマウンドに行く回数の制限

この規則だけでなく、各団体の取り決めで、1試合の中での回数を制限したり、野手がマウンドに集まる回数を制限したりしていることも多い

同一イニングに同一投手のもとに
2回目に行ったら即交代

規則5.10(a)により、選手の交代は試合中ボールデッドのときならいつでも許されるのが原則ですが、投手だけはいくつかの例外規定があります（p63参照）。

スピードアップのために、監督またはコーチが投手のもとに行くことについて制限を定めた規則5.10(I)もそのひとつです。大原則としては、1イニングに同一投手のもとに2度目に行ったら、その投手は自動的に交代しなければなりません。投手のもとに行くというのは、ルールブックでは「18フィートの円い場所」が基準ですが、日本ではファウルラインを越えたかどうかを基準にしています。

公認野球規則 5.10(l)

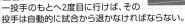

プロフェッショナルリーグは、監督またはコーチが投手のもとへ行くことに関して、次の規則を適用しなければならない。

(1)この項は、監督またはコーチが、1イニングに同一投手のもとへ行ける回数を制限する規則である。

(2)監督またはコーチが、1イニングに同一投手のもとへ2度目に行けば、その投手は自動的に試合から退かなければならない。

(3)監督またはコーチは、そのときの打者が打撃を続けている限り、再びその投手のもとへ行くことはできない。

(4)攻撃側がその打者に代打者を出した場合には、監督またはコーチは再びその投手のもとへ行ってもよいが、その投手は試合から退かなければならない。監督またはコーチが投手のもとへ行った後、投手版を囲んでいる18フィートの円い場所を離れたら、1度行ったことになる。

投手が怪我をしたとき ▶ 投手が怪我をしたので監督が投手のもとへ来きたいときは、審判員に許可を受ければ回数には数えない。ただし、ついでに激励したり作戦を授けたりという行動があったと審判員が判断すれば回数に数える。

規則を出し抜こうとしてはいけない ▶ 監督が捕手や内野手のもとへ行った後に、その選手が投手のもとへ行ったりすることは、この規則を出し抜こうとしているとみなして回数に数える。ファウルラインを越えなければいいだろうと、監督がファウルライン近くまで行って投手に指示を与えるような行為も同様。

二重に行かないよう注意 ▶ コーチがマウンドに行って投手を退け、新しい投手が出てきてから監督がマウンドに行くと、新しい投手のもとに1度行ったことになる。マウンドからベンチに戻ろうとした監督・コーチが、ファウルラインを越えてから、思い直してまたファウルラインを越えてマウンドに行こうとすることも同様。同一投手のときは2度目となってしまい、投手交代が必要となる。

ポイント ■ 投手交代に際してマウンドに行った監督（またはコーチ）が、そのままマウンドにとどまって新しい投手に指示を与えたりすることは新たな回数に数えないが、投球練習を始める前にマウンドを去らなければ新たな回数に数える。

警告を無視した監督は退場 ▶ 審判員が、1イニング2度目だから同一投手のもとへは行けないと警告したにもかかわらず監督が行った場合は、その監督は退場になる。ただし、投手はすぐには退かず、そのときの打者がアウトになるか走者になるまで投球して、義務を果たしてから交代する。

ピッチクロックルールについて　※参考

　　2023年にMLBで導入されたピッチクロックのルールは、2024年に以下のように修正されました。

①走者がいるときの時間制限を「20秒」から「18秒」に短縮。

②走者がいないときの時間制限は「15秒」のまま。

③タイマーの開始は投手がボールを受け取った時から。（以前は投手がマウンドに入ってからだったので、マウンドの端を歩いてタイマーの開始を遅らせる規則破りの企てがあったため）

　　また、日本の社会人野球（JABA）で導入されている類似の規則は下記のようになっています。この規則は2023年から始まりましたが、2024年も継続されます。

①投手の投球間隔について、走者なしでは12秒以内、走者ありでは20秒以内で投球しなければならないことは従来通りだが、この規則を厳格に適用する。また、走者ありでの違反は2022年まで「2回目まで警告で3回目からペナルティ」としていたが、警告は1回だけに変更し、2回目からペナルティに変更する。

②投手が投手板を離れる（投手板を外す、塁に送球する、偽投する、守備側がタイムを要求するなど）「離脱」の回数を制限し、同一打者に対して3回目の「離脱」があったときは、走者をアウトにするか、走者が進塁するか、ランダウンプレイとなる以外の場合はボークが課せられる。

③打者がむやみに打者席を離れることを禁じるバッターズボックスルールを厳格に適用し、2022年までは「2回目まで警告で3回目からペナルティ」としていたところ、警告は1回だけに変更し、2回目からペナルティに変更する。

　　これらルールを本格的に導入した2023年には、MLBで24分、JABAでも都市対抗2次予選で16分という大幅な試合時間短縮が達成されました。まだ始まったばかりの試みですが、これからのどうようになっていくか注目したいところです。

PART 8

審判員
の
ルール

公認野球規則：1.01　8.01

審判員の資格と権限
審判員は試合の主宰者

審判員は「コンダクター(指揮者)」とも呼ばれる。1球1球の判定を積み重ねて試合を進行させる

審判員は試合の主宰者として
試合を進行する権限と責任を持つ

　規則1.01に、野球は「1人ないし数名の審判員の権限のもとに」行われるとあり、8.01(a)には「リーグ会長は、1名以上の審判員を指名して」試合を主宰させると明記されています。

　審判員はリーグ会長（アマチュアでは連盟等）の代わりに試合を運営する主宰者であり、試合を進行するためには絶大な権限が与えられています。

　だからこそ、審判員は所属する連盟を代表する者として、日々研鑽を積み、正確な判定で全ての人から尊敬されるような存在であらねばならないと言えるでしょう。

審判員は1名以上

　規則には審判員の人数は「1名以上」としか規定されていない。ただし、実際には1名では試合の運営は厳しいため、2人制、3人制、4人制、6人制といったシステムが考案され、運用されている。

審判員の権限

❶規則を厳格に適用し、試合を進行する

❷規則違反があればペナルティを科す

❸規則に明確に規定されていない事項は自己の裁量で判定を下す

❹必要があれば、プレイヤー、監督、コーチおよび競技場に入ることを許されている人々（グラウンド整備人、案内人、写真班、新聞記者、放送局員など）や観衆を退場させる

ジャッジの基本スタイル

【球審】	【塁審】

プレイ

投手の方を指さして宣告する。球場中に響きわたるほど大きな声で元気よく発声する。

タイム

両手を開き、やや押し出すようにして頭上に手を上げる。ひじは肩より下がらないよう気をつける。

アウト

右のこぶしを力強く振り出して宣告する。肩はひじと同じ高さ、ひじより先は地面に垂直に立てる。腕を身体の前方に真っ直ぐ出すと窮屈しい感じになるので、やや外側に開く。

ストライク

アウトと同じメカニック。右のこぶしを前方に力強く振り出す。コールするときもボールから目を離さない。

ボール

基本の構えのまま、身体を動かさずに声だけでコールする。

セーフ

両手を一度前方に上げ、肩と同じ高さで真横に水平に開く。体側から直接上げない。前方に上げた手がクロスするとプレイが見えなくなるので注意。

フェア

必ずラインをまたぎ、フェア地域側をポイントする。声は出さない。

ファウル

必ずラインをまたぎ、タイムと同じ形で「ファウル（またはファウルボール）」と宣告してプレイを止める。

タイム

両手を開き、やや押し出すようにして頭上に手を上げる。ひじは肩より下がらないよう気をつける。

審判員の裁定

審判員の判断に基づく裁定は最終のもの

どんなに際どい判定でも、アウト・セーフなどの判定には異議を唱えられない

審判の判断に基づく裁定には
異議を唱えられない

　審判員の判断に基づく裁定は最終のものであり、プレイヤー、監督、コーチが異議を唱えることは許されないと規則に明記されています。これは、フェア・ファウル、ストライク・ボール、アウト・セーフといった判断に、いちいち異議を唱えていたらキリがなく、試合が進行しなくなってしまうからです。

　しかし、審判員も人間です。その判断に基づくジャッジに攻撃側、守備側のどちらかが納得いかないこともあるでしょう。その際に、多少の抗議をすることをやみくもに否定しているわけではなく、実際の試合では多少許している部分もあります。

規則適用の誤りはアピールできる

　審判員の裁定が規則の適用を誤っているのではないかと疑われる場合は、監督だけがアピールする（規則適用の訂正を申し出る）ことができる。

　審判員はアピールを受けた場合に、他の審判員の意見を求めることはできる。裁定を下した審判員から相談を受けた場合を除いて、審判員が他の審判員の裁定について批評したり変更を求めたり、異議を唱えたりしてはいけない。

判定について協議する審判団。監督やプレーヤーを交えずに話し合う

裁定の訂正

　審判員が下した裁定を、協議の結果変更する場合は、走者をどこまで進めるかを含め、どのように処置するかは審判員の権限である。この最終の裁定に異議を唱えた者は退場させられる。

ストライク・ボールの判定

　ストライク・ボールの判定についてだけは、異議を唱えるためにプレイヤー、監督、コーチが持ち場を離れて本塁に向かってスタートするだけで警告が発せられる。警告にもかかわらず本塁に近づけば退場させられる。ハーフスイングの判定に対しての異議も、ストライク・ボールに対する異議になるので同様。
※この規定はアメリカでは厳格に適用されているが、日本ではまだそこまで厳格には適用していない。

審判員の交代

　試合中に審判員を変更することは認められない。ただし、病気または負傷のために変更の必要が生じた場合は認められる。
※日本のプロ野球（一軍）には控え審判員がいて、1人が病気や負傷で交代しなければいけなくなったときに対応している。メジャーリーグには控え審判制度はないので、1人負傷して退場し、その後3人制になることが時々ある。

公認野球規則：8.02　8.03

審判員の役割

球審と塁審に分かれて任務を行う

球審による試合終了の宣告。球審と塁審がそれぞれの役割を果たし、試合が無事終了するように努める

球審と塁審に分かれて任務を行うが
権限はほぼ同等で協力して試合を運営

　1人の審判員だけで試合を担当する場合には、その義務と権限は競技場のあらゆる点、規則のあらゆる条項に及びます。日本でいわゆる「草野球」と呼ばれる、レクリエーションの野球では1人審判がよく行われていますが、その任務はなかなか大変です。

　2人以上で試合を担当する場合は1人が球審、残りが塁審を担当し、役割分担をします。球審には試合運営を司る役割があるので、以前は「アンパイヤーインチーフ」と呼ばれていましたが、最近は責任審判を塁審が担当することも多く、投球判定を行う役割に着目して「（ホーム）プレートアンパイヤー」と呼ぶのが普通です。